Windows 10

Pannenhilfe

WOLFRAM GIESEKE

ISBN 978-3-95982-060-8

© 2017 by Markt+Technik Verlag GmbH
      Espenpark 1a
      90559 Burgthann

Produktmanagement Christian Braun, Burkhardt Lühr
Korrektorat Vera Palmer
Herstellung Jutta Brunemann
Covergestaltung David Haberkamp
Coverfoto kirill_makarov, daniilantiq2010 – Fotolia.com
Satz Astrid Stähr
Druck Media-Print, Paderborn
Printed in Germany

Inhaltsverzeichnis

1. Allgemeines Vorgehen im Problemfall

Für alle der in diesem Buch beschriebenen Szenarien gibt es einige allgemeingültige Hinweise und Verhaltensregeln, mit denen Sie sich das Leben leichter machen bzw. den Ursachen Ihres Problems schneller und einfacher auf die Spur kommen können. Diese habe ich deshalb an den Anfang dieses Ratgebers gestellt. Auch wenn Sie bereits im »Notfallmodus« sind, sollten Sie diesen Abschnitt zumindest überfliegen. So können Sie Fehler vermeiden, die am Ende unnötige Umstände und Mehraufwand verursachen können.

Dokumentieren Sie Fehlermeldungen

Sofern ein Fehler sich auf dem Bildschirm durch eine Fehlermeldung oder irgendwie anders bemerkbar macht, sollten Sie dieses Verhalten dokumentieren. Insbesondere wenn ein Fehler nur sporadisch auftritt und sich nicht jederzeit reproduzieren lässt, ist dies eine gute Hilfe.

Im einfachsten Fall genügt dafür die Druck-Taste, die es noch immer auf den meisten Tastaturen gibt. Sie fügt ein Abbild des aktuellen Bildschirminhalts in die Zwischenablage ein. Von dort können Sie es in ein beliebiges Bildbearbeitungsprogramm einfügen und als Datei speichern. Mit Bordmitteln lässt sich dies beispielsweise so lösen:

1 In dem Moment, wenn der Fehler auftritt, betätigen Sie die Druck-Taste Ihrer Tastatur. Hinweis: Bei einigen Notebooks müssen Sie dazu eine Kombination mit der Funktionstaste Fn unten links verwenden.

2 Drücken Sie die ⊞-Taste und tippen Sie im Startmenü *paint* ein. Sie bekommen dann das Paint-Programm aus dem Lieferumfang von Windows als Suchergebnis angeboten. Drücken Sie ⏎, um es zu starten.

3 In Paint drücken Sie Strg+V, um den Inhalt der Zwischenablage einzufügen. Alternativ geht dies auch über das Menü mit *Start/Einfügen*. Nun sollten Sie den zuvor gesicherten Bildschirminhalt in Paint sehen.

4 Verwenden Sie dann *Datei/Speichern unter*, um diese Abbildung in einer Datei zu speichern. Als platzsparendes Format, das man beispielsweise auch per E-Mail versenden kann, bietet sich PNG an.

Zeichnen Sie fehlerhafte Abläufe auf

Wenn ein Fehler nur unter bestimmten Umständen bzw. nur am Ende einer bestimmten Kette von Aktionen auftritt, ist die Schrittaufzeichnung von Windows das richtige Mittel, um den Ablauf zu dokumentieren. Sie reiht automatisch mehrere Bildschirmfotos aneinander und ergänzt dazu die Aktionen, die vom Benutzer durchgeführt wurden.

Für sich selbst muss man diesen Aufwand nicht unbedingt treiben. Aber wenn man beispielsweise Hilfe vom Kundenservice eines Herstellers in Anspruch nehmen möchte, ist die Schrittaufzeichnung eine wertvolle Hilfe und kann umständliche Schilderungen und Rückfragen bei der Service-Hotline ersparen.

1 Um eine fehlerhafte Situation aufzuzeichnen, geben Sie im Startmenü *Schritt* ein, sodass Ihnen das Programm *Schrittaufzeichnung* angeboten wird, und drücken dann ⏎.

2 Klicken Sie im Programm oben auf *Aufzeichnung starten*, um den Mitschnitt Ihrer Bedienschritte zu beginnen. Machen Sie das am besten erst kurz vor dem Auftreten des Fehlers, wenn sich dieser exakt reproduzieren lässt, damit die Aufzeichnung nicht zu umfangreich wird.

3 Führen Sie einfach exakt die Schritte durch, die zu der problematischen Situation führen.

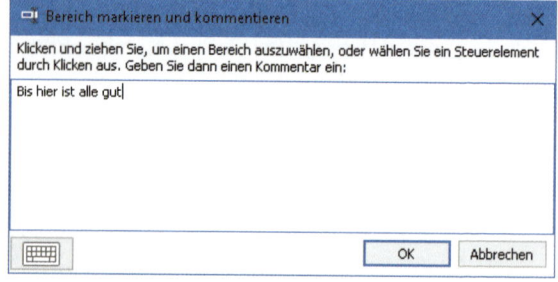

4 Wollen Sie zusätzliche Anmerkungen machen, klicken Sie jeweils auf die Schaltfläche *Kommentar hinzufügen*. Sie können dann den Bereich des Bildschirms, auf den sich Ihr Kommentar bezieht, markieren. Den Text tippen Sie in dem dafür eingeblendeten Dialog ein.

5 Haben Sie alles Notwendige aufgezeichnet, klicken
Sie im Fenster der Schrittaufzeichnung auf *Aufzeich-*
nung beenden.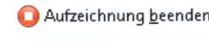

6 Nun geben Sie an, wo und unter welchem Namen der Rekorder die Aufzeichnung speichern soll.

Als Ergebnis erhalten Sie ein ZIP-Archiv (um den Datenumfang möglichst ge-
ring zu halten). In diesem Archiv befindet sich eine MHTML-Datei, die neben
dem HTML-Code auch die erstellten Bildschirmfotos enthält.

Der Edge-Browser kann den Inhalt dieser Datei darstellen (ebenso einige andere, aber nicht alle Webbrowser). Ein entsprechender Hinweis kann ratsam
sein, wenn Sie diese Datei z. B. an andere weitergeben.

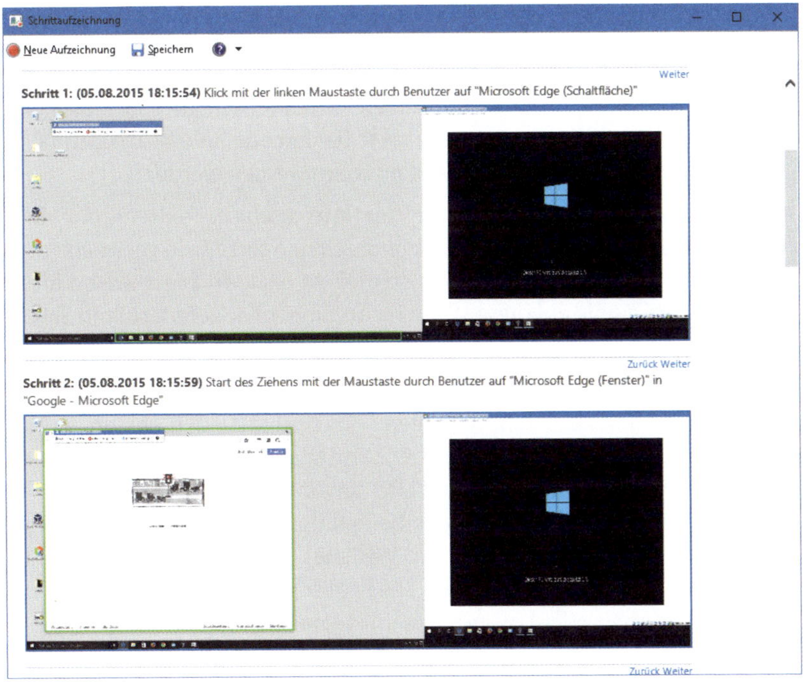

Fragen Sie Google nach der Fehlermeldung

Wenn sich ein Problem durch eine Fehlermeldung äußert, ist das im Grunde genommen eine gute Sache. Dadurch hat man die Chance, der Ursache schnell auf den Grund zu gehen und Abhilfe zu schaffen. Leider sprechen solche Fehlermeldungen selten Klartext. Stattdessen hat man es mit (womöglich noch englischem) Technik-Kauderwelsch oder auch nur nichtssagenden Fehlercodes zu tun. Hier kommt Google ins Spiel: Meine erste Maßnahme bei solchen Fehlermeldungen ist es immer, den Fehlercode oder auch die genaue Fehlermeldung an die Google-Suche zu verfüttern. Dazu folgende Tipps:

- **Fehlerdialoge kopieren:** Wenn unter Windows Fehlermeldungen in eigenen Fenstern »aufpoppen«, lassen sich diese oft auf einfache Weise kopieren. Wenn die Fehlermeldung hervorgehoben ist, drücken Sie ⌨Strg⌨+⌨C⌨. Dann wird der Textinhalt des Dialogs in die Zwischenablage kopiert. Von dort können Sie ihn beispielsweise im Suchformular des Webbrowser einfügen (⌨Strg⌨+⌨V⌨). Meist muss der Text zwar noch bearbeitet werden, weil beispielsweise auch der Fenstertitel etc. enthalten ist. Aber auch die komplette Fehlermeldung bzw. der exakte Fehlercode finden sich darin und können ohne Tipparbeit und -fehler übernommen werden.

- **Fehlermeldungen im exakten Wortlaut suchen:** Textfehlermeldungen sollten Sie zunächst in Anführungszeichen setzen. So wird nach dem genauen Wortlaut gesucht, was schnell zu exakten Ergebnissen führt. Erst wenn Google auf diese Weise nichts Sinnvolles liefert, sollten Sie die Anführungszeichen entfernen oder nicht relevante Füllworte am Anfang und/oder am Ende weglassen.

- **Nach Fehlercodes suchen:** Fehlercodes sind fast noch besser, weil sie sehr präzises Suchen ermöglichen. Vor allem aber ist ein Fehlercode »international«, Sie finden damit also sowohl deutschsprachige als auch englische Informationen. Gerade bei exotischen Fehlern ist die Chance wesentlich größer, auf englischen Websites hilfreiche Informationen zu finden – wenn man denn selbst des Englischen so weit mächtig ist, um die Erklärungen oder Lösungsvorschläge nachvollziehen zu können.

- **Die Suche auf relevante Webseiten beschränken:** Gerade bei eher unspezifischen bzw. häufig auftretenden Fehlern kann man von Fundstellen im Web geradezu erschlagen werden. Da kann es hilfreich sein, die Suche von vornherein auf eine bestimmte üblicherweise hilfreiche Website zu beschränken. Das geht bei Google recht einfach mit dem Suchparameter *site:<Adresse der Webseite>*. Für Windows-Probleme bietet Microsoft selbst eigene Foren und eine umfangreiche Wissensdatenbank an. Mit der folgenden Suchanfrage berücksichtigt Google nur Seiten von Microsoft selbst, die Informationen zu dem angegebenen Fehlercode enthalten: *0xc004c003 site:microsoft.com*. Wenn Sie gute Erfahrungen mit einer anderen Website gemacht haben oder Informationen zu einem Produkt eines anderen Herstellers suchen, können Sie die Suche in der gleichen Weise auf deren Webseiten beschränken.

Erinnern Sie sich an kürzliche Veränderungen

Eine Frage sollten Sie sich bei einem plötzlich auftretenden Problem immer als Erstes stellen: Wurden in letzter Zeit (das können Stunden, Tage oder auch Wochen sein) irgendwelche Änderungen an der Konfiguration vorgenommen? Klingt erst mal einfach, kann aber durchaus kompliziert sein, da die Abhängigkeiten nicht immer auf den ersten Blick ersichtlich sind. Wenn direkt nach der Installation eines neuen Grafikkartentreibers der Monitor flackert und die falsche Auflösung zeigt, ist der Zusammenhang noch recht naheliegend. Wenn man aber kürzlich beim Großreinemachen den PC an eine etwas andere Stelle gerückt hat, kommt man vielleicht nicht unbedingt darauf, dass die Kühlung nun nicht mehr richtig funktioniert, der Prozessor als Reaktion darauf bei stärkerer Beanspruchung zu heiß wird und als Schutzmaßnahme seinen Takt deutlich reduziert, was sich für den Benutzer als langsames und immer wieder plötzlich träges System manifestiert.

Deshalb sollte man sich im Falle eines Fehlers ruhig mal hinsetzen, über Veränderungen in der jüngsten Vergangenheit nachdenken und sich diese notieren. Vielleicht kann man bald darauf zurückgreifen. Auch wenn man einen Fachmann zurate ziehen möchte, ist es gut, wenn man ihm sagen kann, was in letzter Zeit passiert ist. Der kann meist schnell aussortieren, was davon belanglos ist und was tatsächlich eine Ursache sein kann.

Dokumentieren Sie den Ist-Zustand, bevor Sie aktiv werden

Bevor Sie in die aktuelle Konfiguration Ihres PCs eingreifen, sollten Sie immer den Ist-Zustand genau dokumentieren. Das gilt sowohl für Software (Änderung von Einstellungen) als auch Hardware (Entfernen von Kabeln, Austausch von Komponenten etc.).

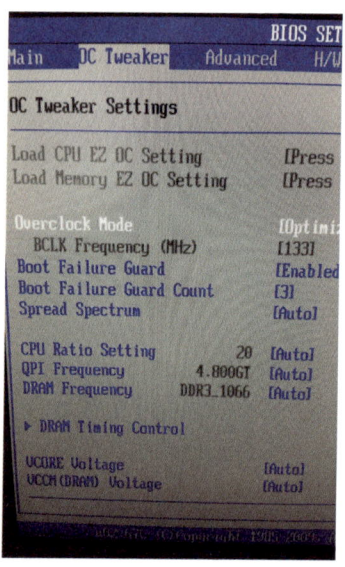

Der Grund ist einfach: Solange man auf der Suche nach einer Fehlerursache ist, fischt man oft ein wenig im Trüben und probiert verschiedene Ansätze aus. Dabei ist es nicht immer einfach, den Überblick zu behalten. Im besten Fall löst man das Problem, weiß aber nicht, welcher Schritt nun genau der entscheidende war und welche anderen man zurücknehmen kann. Im schlimmsten Fall kommt man nicht voran, handelt sich aber noch weitere Probleme ein, weil Dinge nun nicht mehr oder nicht mehr so wie vorher funktionieren. Dann ist es wichtig, den Ausgangszustand zuverlässig wiederherstellen zu können.

Ist-Zustand dokumentieren – das hört sich erst mal aufwendig und nervig an. Man kann es sich aber einfach machen. Fast jeder hat heute eine Digitalkamera oder ein Smartphone mit Kamerafunktion, mit dem man sehr einfach dokumentieren kann. So können der Zustand der Hardware im Überblick und wichtige Stellen in Großaufnahme festgehalten werden.

Auch Softwareeinstellungen lassen sich auf diese Weise schnell und einfach erfassen, indem man die Kamera einfach auf den Bildschirm richtet. Die so entstehenden Bilder gewinnen zwar keinen Schönheitspreis, erfüllen aber ihren Zweck.

Man kann Kamera bzw. Smartphone jederzeit wieder zur Hand nehmen und ggf. auch in die Bilder hineinzoomen, um Details zu erkennen. Durch den Zeitstempel der Aufnahmen kann man auch den zeitlichen Verlauf festhalten, also was man zuerst verändert hat, was danach etc. Ist die ganze Operation erfolgreich abgeschlossen, können die Bilder einfach wieder gelöscht werden.

Selbsthilfe im Reparaturcafé

Noch ein Tipp, wenn Sie ein Problem nicht selbst lösen können bzw. sich insbesondere Eingriffe in die Hardware nicht selbst zutrauen: Vor allem in größeren Städten gibt es mittlerweile immer häufiger Reparaturcafés, entweder als feste Einrichtung oder als regelmäßiges Treffen von Gleichgesinnten. Hier treffen Sie zum einen auf Leidensgenossen, zum anderen auf erfahrene IT-Kenner, die zum Helfen bereit sind.

Die nehmen Ihnen zwar nicht alle Arbeit ab, geben aber Anleitung und Hilfestellung, leihen Ihnen ggf. benötigtes Werkzeug und vermitteln idealerweise das nötige Selbstvertrauen, um sich eben doch selbst dranzusetzen. Eine gute Anlaufstelle dafür ist das Onlineverzeichnis repaircafe.org, wo Sie nach Reparaturcafés in Ihrer Umgebung suchen können.

2. Startprobleme des PCs beheben

Für viele Benutzer ist es wohl der größte anzunehmende PC-Unfall: Man schaltet den Rechner wie immer ein und es passiert einfach nichts. Das kann auf ein größeres Hardwareproblem hindeuten, muss es aber nicht.

Deshalb sollte man zunächst systematisch die üblichen Verdächtigen ausschließen. Die folgenden Maßnahmen sind sortiert von schnell und einfach bis hin zu aufwendiger und komplexer und sollten am besten in dieser Reihenfolge durchgeführt werden.

Äußere Anschlüsse des PCs kontrollieren

Wenn der PC beim Einschalten irgendwelche Lebenszeichen von sich gibt, wie etwa Lichter, Lüfter oder startende Laufwerke, kann man von einer stabilen externen Stromversorgung ausgehen. Wenn sich beim Einschalten aber wirklich gar nichts tut, sollten Sie zunächst den Stromanschluss des PCs kontrollieren:

- **Stromkabel:** Ist das Netzkabel an beiden Enden fest eingesteckt? Der Anschluss am PC kann sich durch Vibrationen der Lüfter im Laufe der Zeit lockern. Den Netzstecker hat eventuell jemand aus der Steckdose oder Steckerleiste gezogen und nicht wieder eingesteckt.

- **Steckdose:** Auch eine beliebte Fehlerquelle ist eine Steckdose, die einfach keine Spannung (mehr) hat. Vielleicht ist eine Sicherung rausgeflogen, jemand hat eine Leitung angebohrt oder ein Wackelkontakt hat zugeschlagen. Einfach einen anderen Verbraucher (beispielsweise eine Lampe) in diese Dose einstecken und testen. Dabei auch ein wenig am Stecker wackeln, um einen Wackelkontakt auszuschließen.

- **Externes Netzteil:** Verfügt der PC über ein externes Netzteil wie etwa bei Notebooks, gibt es zwei Kabel zwischen Steckdose und Rechner und somit zusätzliche Kabel, Anschlüsse und Fehlerquellen. Kabel vom externen Netzteil zum PC führen weniger Spannung und sind deshalb dünner und weniger geschützt. Dadurch sind sie empfindlicher gegen Knicke und Quetschungen und sollten daraufhin geprüft werden. Auf den Netzteilen ist in der Regel die (sekundäre) Ausgangsspannung vermerkt. Mit einem handelsüblichen Multimeter für wenige Euro kann man diese ggf. nachmessen. Alternativ gibt es eine einfache Testmethode: Ein eingestecktes externes Netzteil sollte nach einiger Zeit fühlbar wärmer werden. Ansonsten wäre das zumindest ein Indiz für einen Defekt. Immerhin kann man für ein defektes externes Netzteil problemlos Ersatz beschaffen.

Ist die externe Stromversorgung funktionsfähig und es rührt sich trotzdem absolut nichts, gerät als Nächstes das Netzteil des PCs in den Fokus. Bei der internen Variante kommt man dabei um das Öffnen des Gehäuses nicht herum.

Das Gehäuse des PCs ohne Gefahr öffnen

Für die weiteren Schritte muss das Gehäuse des PCs geöffnet werden. Vorher aber ein wichtiger Schritt:

Unbedingt das Netzkabel ausstecken! Am besten an beiden Enden, als zusätzliche Absicherung gegen Schusseligkeit. Zum einen besteht beim Öffnen des PCs und beim Hantieren mit den Komponenten darin die Gefahr eines Stromschlags. Zum anderen kann man bei vorhandener Spannung durch einen Schraubenzieher oder ähnliches Werkzeug leicht Kurzschlüsse oder Fehlströme erzeugen, die die empfindlichen Komponenten dauerhaft beschädigen.

Bei der genauen Vorgehensweise zum Öffnen gibt es Unterschiede. Mittlerweile lassen sich viele Gehäuse ohne Werkzeug öffnen, entweder durch eine Mechanik oder durch einfache Rändelschrauben an der Rückseite. Oftmals reicht es, die Schrauben auf einer Seite zu lösen und diese Seitenwand zu entfernen, um Zugriff auf das Gehäuseinnere zu erlangen. Nur bei älteren PCs oder Billigstexemplaren besteht das ganze Gehäuse noch aus einem einzigen gefalteten Blech, das komplett entfernt werden muss.

Bevor Sie an die Arbeit gehen, noch folgende Hinweise:

- Es reicht immer, das PC-Gehäuse hinten zu öffnen. An die Vorderseite mit Schaltern, Anzeigen und Laufwerken muss man nur ran, wenn dort etwas konkret defekt ist. Während man hinten nicht viel kaputtmachen kann, bricht vorne schnell etwas ab, reißen Kabel ab etc. Dort deshalb nur tätig werden, wenn es unumgänglich ist.

- PC-Gehäuse bestehen vielfach aus geschnittenem und gefaltetem Blech. Wenn dieses nicht sauber entgratet wurde, kann es scharfe Kanten aufweisen, an denen man sich üble Schnitte und Kratzer holen kann. Erkunden Sie nach dem Öffnen also erst mal vorsichtig, wie die Verarbeitungsqualität bei Ihrem Exemplar ist. Generell ist es kein Fehler, bei dieser Arbeit dünne Handschuhe zu tragen, um schmerzhaften Verletzungen vorzubeugen.

- Was ich selbst auf die harte Tour gelernt habe: Stellen Sie am besten vorher ein kleines Schälchen o. Ä. bereit, in dem Sie Schrauben und sonstige Kleinteile sammeln. So kann nichts verloren gehen und Sie ersparen sich Suchaktionen beim späteren Zusammenbau.

- Bei schwierigeren Konstruktionen ist es hilfreich, vor dem Demontieren ein Bild mit Digitalkamera oder Smartphone zu machen. Das kann man dann später beim Zusammenbau als Orientierungshilfe verwenden, was wo hingehört.

Den PC säubern und Fremdteile entfernen

Wenn der PC schon mal geöffnet ist, sollten Sie die Gelegenheit nutzen und ihn reinigen und ggf. von Fremdkörpern befreien. Beides kann auch eine Ursache für Fehlfunktionen sein. Staub und Flusen setzen Lüftungsschlitze zu und vermindern so die Leistung des Kühlsystems. Kleine Metallteile wie etwa gelöste Schrauben können an ungünstige Stellen fallen und Kurzschlüsse verursachen. Ich habe auch schon mal Kleingeld in einem Rechner gefunden (es war keiner von meinen und ich habe auch nicht weiter gefragt).

Lose Kleinteile erkennt man am besten, wenn man den PC anhebt (vorher alle Kabel entfernen) und dann vorsichtig hin und her schwenkt (nicht »schütteln«!). Dabei hört man, wenn etwas im Gehäuse herumrutscht. Das sollte man orten und entfernen. Im Extremfall kann man das Gehäuse vorsichtig über Kopf stellen und so »ausleeren«. Ein gut verarbeiteter PC sollte das aushalten. Alles mit etwas Fingerspitzengefühl, denn insbesondere Prozessorlüfter können kopflastig sein und zu heftige Bewegungen übelnehmen.

Es ist kaum zu glauben, wie viel **Staub und Flusen** sich auch in einem reinlichen Haushalt in einem PC-Gehäuse ansammeln können. Die konkrete Belastung hängt von der »Wohnsituation« ab, aber beispielsweise die Kombination von langflorigem Teppich und Tierhaaren kann einem PC durchaus so zusetzen, dass dies alleine der Grund für Probleme ist. Zum Reinigen eines geöffneten PCs kann man Druckluft verwenden. Dafür braucht es keinen Kompressor, man kann auch Druckluftspray in Dosen für wenige Euro erwerben. Ein handelsüblicher Staubsauger tut es auch, wenn man ein paar Dinge beachtet:

- Man sollte sicherstellen, dass alles so gut befestigt ist, dass der Staubsauger nichts abreißen und verschlucken kann.

- Beginnen Sie erst mal mit einer niedrigen Saugstufe. Steigern Sie diese nur, wenn sie nicht zum Reinigen ausreicht.

- Nehmen Sie den kleinstmöglichen Aufsatz für den Staubsauger und verwenden Sie keinesfalls Druck, um diesen in den letzten Winkel zu bekommen. Es lauern überall kleine Bauteile, Kontakte, Kabel und Plastiknasen, von denen schnell etwas abgerissen ist. Erhöhen Sie ggf. die Drehzahl des Staubsaugers, um die letzten Ecken durch eine höhere Saugleistung zu erreichen.

- Wenn Sie den Sauger in die Nähe eines Lüfters bringen, kann dieser anfangen zu rotieren. Das ist **keine** gute Idee! Die Lüfter sind auf einen gewissen Drehzahlbereich ausgelegt. Rotieren sie schneller, besteht die Gefahr eines Lagerschadens. Der äußert sich nicht sofort, kann aber in der Folgezeit zu verschiedenen negativen Effekten führen (Geräuschentwicklung, verminderte Kühlung, verringerte Leistung etc.). Dermaßen beschädigte Lüfter müssen über kurz oder lang ersetzt werden. Deshalb: Den Lüfter mit der Hand oder einem Hilfsmittel vorsichtig fixieren, während der Sauger in der Nähe ist. So wird er sauber ohne das Risiko einer Beschädigung.

Durch gründliches Reinigen der PC-Innereien wird man keine Defekte beseitigen. Doch Schmutz bremst den Luftfluss und beeinträchtigt so die Kühlleistung. Werden Komponenten nicht ausreichend gekühlt und deshalb zu warm, erfassen integrierte Sensoren das und regeln den Takt dieser Komponenten herunter, damit sie nicht den Hitzetod sterben.

Dieser sinnvolle Schutzmechanismus führt dazu, dass die Leistung des PCs regelmäßig nach einiger Zeit einbricht und er spürbar langsamer wird. Wenn Sie solche Phänomene bemerken, ist eine gründliche Reinigung also eine sinnvolle und leicht umzusetzende Maßnahme. In Kapitel 10 über Hardwareprobleme beschreibe ich, wie Sie die Temperatur von Hardwarekomponenten überwachen und solchen Phänomenen auf die Spur kommen können.

Nach defekten Bauteilen suchen

Während der Reinigung des Gehäuseinneren sollten Sie gleich aufmerksam nach Spuren von elektronischen Defekten Ausschau halten. Eventuell entdecken Sie Bauteile mit Schmorspuren? Besonderes Augenmerk verdienen die üblicherweise in Form von kleinen blauen Bechern verbauten Elektrolytkondensatoren. Diese haben am oberen Ende eine Sollbruchstelle in Form eines eingeritzten Kreuzes. Ist diese Fläche stark nach außen gewölbt oder gar aufgeplatzt, ist dieser Kondensator defekt.

Leider wurden in den letzten Jahren zunehmend minderwertige Kondensatoren verbaut, sodass dies gar kein so exotisches Fehlerbild ist. Die gute Nachricht: Ein solcher Fehler lässt sich durch eine Fachwerkstatt relativ schnell und preisgünstig beheben. Wer mit einem Feinlötkolben vertraut ist, kann sich sogar selbst daran versuchen.

Kabelverbindungen überprüfen

Der PC ist geöffnet und gereinigt. Nun können Sie ihn einer gründlichen Inspektion unterziehen. Dazu gehört es vor allem, alles zu testen, was festgesteckt ist bzw. zu sein scheint. Das gilt sowohl für die zahlreichen Kabel als auch für Grafikkarten und ähnliche Steckkomponenten. »Normalerweise« löst sich nichts von alleine. Aber zum einen ist das Gehäuse durch Lüfter und Co. ständigen Vibrationen ausgesetzt. Zum anderen hat ja vielleicht irgendetwas durch nachlässige Montage noch nie ganz richtig »dringesteckt«?

Erster Schritt ist es deshalb, alle **Steckverbindungen** durch gefühlvolles Wackeln zu testen. Wenn etwas sich locker anfühlt oder man den Stecker beim vorsichtigen Wackeln plötzlich in der Hand hält, dann ist das ein guter Kandidat für eine Fehlerquelle. In diesem Fall wieder richtig und fest aufstecken. Üblicherweise lassen sich Stecker nur auf die eine richtige Weise einstecken, sodass Fehler durch Verpolung o. Ä. nicht möglich sind. Auch wenn Sie auf diese Art eine mögliche Fehlerquelle entdecken, würde ich trotzdem alles andere ebenfalls überprüfen, ehe ich das Gehäuse wieder zusammenbaue und den PC testweise einschalte.

Sind Komponenten durch **Kabel** miteinander verbunden, sollten auch diese zumindest einer Sichtprüfung unterzogen werden. Besondere Beachtung verdienen deutliche Knicke und Kabel in der Nähe von scharfen Metallkanten und beweglichen Teilen wie Lüftern. In einem gut aufgebauten PC sollten solche Schwachstellen durch geschicktes Verlegen und den großzügigen Einsatz von Kabelbindern und ähnlichen Sicherungssystemen ausgeschlossen sein. Ist an den Kabeln so nichts Verdächtiges zu erkennen, sollte der Sitz der Kabelenden in den Steckern geprüft werden. Auch hier ist wieder Fingerspitzengefühl gefragt, um nicht erst selbst einen Schaden anzurichten.

Lüfter überprüfen und instandsetzen

Eine wichtige Rolle für die Stabilität und Leistungsfähigkeit eines PCs spielt die Lüftung. Sie wird in den meisten Fällen durch einen oder mehrere Lüfter sichergestellt. Fällt ein Lüfter aus oder arbeitet nur noch mit geringer Leistung, kann das verschiedene Folgen haben:

- Im Extremfall können Komponenten überhitzen und dadurch nachhaltig beschädigt werden, also zu einem Ausfall des Rechners führen.

- Halbwegs aktuelle Hardware stirbt allerdings selten den Hitzetod. Prozessoren, Grafikkarten und Mainboards verfügen heute über Temperatursensoren an wichtigen Punkten. Übersteigen die gemessenen Werte eine festgelegte Schwelle, wird die Taktfrequenz der dazugehörenden Komponente automatisch reduziert, bis die Temperatur wieder im grünen Bereich ist. Darunter leidet aber die Leistungsfähigkeit der Komponente und damit letztlich des gesamten Systems. Ein ausgefallener Lüfter legt den PC also nicht zwangsläufig lahm, sondern sorgt dafür, dass er einfach nur wesentlich langsamer arbeitet.

- Manche Mainboards kontrollieren aber auch die Drehzahl der angeschlossenen Lüfter und verweigern die Arbeit, wenn die Sensoren nicht die richtigen Werte liefern. So kann ein defekter oder nicht korrekt angeschlossener Lüfter auch dazu führen, dass der PC gar nicht erst startet.

Wenn der PC einmal geöffnet ist, sollte man deshalb in jedem Fall die Funktionsfähigkeit der Lüfter überprüfen. In den meisten Fällen findet man Lüfter:

- am bzw. im Netzteil,
- direkt auf dem Prozessor,
- ggf. an der Grafikkarte,
- ggf. zusätzliche Lüfter auf dem Mainboard.

Im Prinzip können alle diese Komponenten auch passiv gekühlt sein. Das Fehlen eines Lüfters ist also kein Grund zur Beunruhigung, sofern der PC in dieser Konfiguration bereits problemlos lief und man beim Öffnen und Reinigen des PCs nicht mögliche Überreste eines Lüfters entdeckt hat.

Die Gängigkeit eines Lüfters kann man prüfen, indem man ihn selbst in Drehung versetzt. Das kann man vorsichtig mit einem stumpfen Werkzeug oder einer Fingerspitze machen. Oder man pustet den Lüfter kräftig an. Hat man den Lüfter einmal in Bewegung versetzt, sollte er locker weiterlaufen und nur allmählich langsamer werden und zum Stillstand kommen.

Reduziert sich die Drehgeschwindigkeit nach einem Impuls sehr schnell und deutlich, sodass der Lüfter fast unmittelbar wieder zum Stillstand kommt, ist dies ein Indiz für Schwergängigkeit. Die Drehzahl von Lüftern kann auch im laufenden Betrieb mit speziellen Programmen überprüft werden (siehe Kapitel 10 zur Hardware). Diese Information ist allerdings nur hilfreich, wenn man den ermittelten Ist-Wert mit einem Soll-Wert vergleichen kann.

Lüfter ölen

Wenn ein Lüfter quietscht, andere Geräusche von sich gibt oder einfach nur etwas »zäh« läuft, kann man ihm mit einem Tropfen Öl auf die Sprünge helfen, bevor man gleich zum Austausch schreitet. Sinnvoll ist dies aber nur, wenn die Lüfternabe ohne Weiteres zugänglich ist.

Meist versteckt sie sich unter einem Aufkleber. Diesen sollte man sorgfältig und ohne Beschädigung abziehen, bis darunter der Nabenkopf sichtbar wird. Hier kann man vorsichtig einen Tropfen nicht harzendes und säurefreies Öl einbringen (beispielsweise Silikon- oder Nähmaschinenöl).

Anschließend muss die Öffnung mit dem Aufkleber wieder gut verschlossen werden, damit kein Staub ins Lager eindringen kann. Das Öl kriecht im Betrieb dann von alleine an die richtigen Stellen.

Mit etwas Glück versieht der Lüfter nun wieder leise und flott seinen Dienst. Bei Modellen ohne einen gut sichtbaren Aufkleber über der Nabe oder Schrauben für die Demontage sollte man von solchen Versuchen absehen und lieber gleich einen passenden Ersatz besorgen.

Besteht grundlegender Zweifel an der Funktiontüchtigkeit eines Lüfters, kann man mit viel Vorsicht den PC vorübergehend ohne Gehäuse bzw. mit geöffneter Seitenwand in Betrieb nehmen. Dann sollte klar erkennbar sein, welche Lüfter sich drehen und welche nicht. Ein nicht drehender Lüfter muss aber nicht zwangsläufig auf ein Problem hindeuten.

Dynamische Regelungen sorgen dafür, dass Lüfter sich nur in dem Maße drehen, wie Kühlung benötigt wird. So werden etwa bei Grafikkarten teilweise Lüfter nur aktiviert, wenn man von der üblichen 2D-Darstellung des Windows-Desktops zu einem 3D-Spiel oder zur Full-HD-Videowiedergabe wechselt.

PC-Komponenten überprüfen und Kontakt sicherstellen

Ein PC besteht prinzipiell aus einem Mainboard, auf dem verschiedene Komponenten wie Prozessor, Speichermodule, Grafikkarte etc. aufgesteckt sind. Ähnlich wie bei Steckern sollte man den festen und sicheren Kontakt zwischen diesen Elementen sicherstellen. Zwar gibt es in der Regel mechanische Sicherungen, diese bieten aber keine absolute Sicherheit bzw. sind unter Umständen beim Einbau nicht korrekt angewendet worden. Es kann durchaus sinnvoll sein, solche Komponenten einmal komplett auszubauen, die Kontakte prophylaktisch zu reinigen und sie dann wieder fest einzusetzen.

Beachten Sie hierzu den Hinweis aus dem ersten Kapitel, den ursprünglichen Zustand beispielsweise mit einer Kamera zu dokumentieren, um im Zweifelsfall eine Referenz für den korrekten Wiedereinbau zu haben.

Sind mehrere Speichermodule eingesetzt, kann man einzelne davon entfernen und anschließend durchtauschen. Dabei ist zu beachten, dass immer mindestens ein Speichermodul eingesteckt sein muss, und zwar meist im ersten Steckplatz (der gern auch mit der Zahl 0 beziffert ist).

Stehen andere PCs zur Verfügung, kann man einzelne Komponenten des fehlerhaften PCs aus- und testweise in einen anderen PC einbauen. Versehen sie dort ihren Dienst, kann ein Defekt dieser Komponente ausgeschlossen werden.

So lassen sich die möglichen Fehlerkandidaten weiter eingrenzen. Umgekehrt kann man auch beispielsweise Speichermodule aus einem anderen PC, die offensichtlich korrekt funktionieren, testweise in den Problem-PC einsetzen. Ändert sich dadurch nichts, kann man den Speicher als Fehlerquelle ausschließen.

Fehlerursache durch die Minimalkonfiguration einkreisen

Wenn die gründliche Inspektion des PCs keine Hinweise ergibt und ein Aus- und Wiedereinbauen von Komponenten am Fehlerbild nichts ändert, empfiehlt es sich, zur weiteren Eingrenzung eine Minimalkonfiguration herzustellen. Dazu baut man alle Komponenten aus bzw. steckt sie aus, die für den Betrieb nicht notwendig sind. Übrig bleiben:

- Netzteil und Mainboard,
- Prozessor.
- ein einzelnes Speichermodul im ersten Speichersteckplatz,
- wenn das Mainboard keine interne Grafik aufweist, eine Grafikkarte,
- Monitor,
- Tastatur direkt am Mainboard angeschlossen (PS/2 oder USB-Anschluss).

Startet der PC in einer solchen Minimalkonfiguration nicht, liegt der Fehler vermutlich bei Netzteil, Mainboard oder Prozessor. Dann wird die Lage schwierig, aber nicht hoffnungslos. Das Netzteil etwa kann mit dem Netzteil eines anderen PCs getauscht werden, um die Funktionstüchtigkeit zu überprüfen. Dabei müssen allerdings die Leistungsdaten (siehe Aufschrift) sowie die Anschlüsse in etwa übereinstimmen. Alternativ kann man sich vom Hersteller die genauen Spezifikationen des Netzteils insbesondere in Bezug auf die verschiedenen Ausgangsspannungen und -leistungen herunterladen und diese mit einem geeigneten Multimeter durchmessen. Das erfordert allerdings geeignete Ausrüstung, etwas praktische Erfahrung und angemessene Vorsicht, denn immerhin liegen am Eingang des Netzteils 230 Volt an.

Prozessor und Kühler fachgerecht ausbauen und prüfen

Konnte man den Fehler auf Mainboard und/oder Prozessor einengen, bleibt für Laien noch die Möglichkeit, den Prozessor auszubauen, den korrekten Sitz und die optimale Kühlung sicherzustellen bzw. den Prozessor auszutauschen. Eine Operation, die etwas Vorsicht und Geschick, aber keine fundierten Kenntnisse erfordert. Voraussetzung für den (Wieder-)Einbau ist aber frische Wärmeleitpaste, die man im Fachhandel oder online für kleines Geld beschaffen kann.

Fest verbaute Prozessoren

Üblicherweise sind Prozessoren gesockelt, sitzen also mit ihren zahlreichen Kontaktstiften in einem Sockel, aus dem sie entfernt werden können. Teilweise – insbesondere bei kompakten Geräten wie Notebooks oder Tablet-PCs – sind die Kontakte allerdings fest verlötet.

Dies erkennt man daran, dass ein klassischer Sockel und ein Entriegelungsmechanismus für den Prozessor fehlen.

In diesem Fall ist ein Ausbau bzw. Tausch des Prozessors nicht vorgesehen bzw. wäre so aufwendig, dass ein Ersatz-Mainboard mit neuem Prozessor günstiger ist.

Mein persönlicher Tipp: Schauen Sie sich vorher bei youtube.de ein Video dieses Vorgangs an. Suchen Sie dabei ruhig nach einem Beispiel mit Ihrem konkreten Prozessormodell. Die Chancen, etwas Passendes zu finden, sind groß. So kann man sich schon mal mit den Gegebenheiten und dem Ablauf vertraut machen.

1   Am besten bauen Sie das Mainboard aus, wenn Sie das Gehäuse nicht so gut öffnen können, dass Sie rundherum ungehinderten Zugriff auf den Prozessor haben.

2   Dokumentieren Sie die bestehende Konfiguration von Lüfter, Kühlkörper, Prozessor und Sockel mittels Fotos. Auf diesen sollte erkennbar sein, was wo in welcher Ausrichtung eingebaut und angeschlossen werden muss.

3   Stecken Sie die Stromversorgungskabel des Prozessorlüfters aus.

4   Bauen Sie dann den Kühlkörper mit dem Lüfter aus. Diese bilden üblicherweise eine Einheit, die man nicht trennen muss oder kann. Entfernen Sie zunächst mechanische Befestigungen wie Schrauben oder Sicherungsbügel. Der Kühlkörper klebt durch getrocknete Wärmeleitpaste auf dem

Prozessor. Durch gefühlvolles Drehen oder ggf. mit einem Kunststoffspatel sollten beide sich trennen lassen.

5   Entfernen Sie nun die Reste der alten Wärmeleitpaste vom Kühlkörper und vom Prozessorrücken. Ein Tropfen Reinigungsbenzin kann dabei helfen.

6   Nun kann die Fassung des Prozessors entriegelt und dieser entnommen werden. Dabei ist Fingerspitzengefühl geboten, denn die winzigen Kontaktbeinchen dürfen nicht verbiegen oder gar abbrechen. Achten Sie auch darauf, dass keine Schmutzpartikel in die kleinen Öffnungen des Sockels fallen, die später einen sicheren Kontakt verhindern könnten.

7   Nun halten Sie das Herzstück Ihres PCs in der Hand. Sichtbare Beschädigungen sind hier aber nicht zu erwarten. Sie können aber nun einen anderen (passenden) Prozessor als Ersatz einbauen oder den freigelegten Prozessor in ein anderes (passendes) Mainboard einsetzen. Oder aber Sie bauen den Prozessor wieder ein und achten auf eine korrekte Montage des Kühlkörpers, um thermische Probleme als Ursache für Instabilität oder mangelnde Leistung auszuschließen.

8   Gehen Sie dazu in umgekehrter Reihenfolge vor. Setzen Sie den Prozessor sehr behutsam in den Sockel und üben Sie beim Betätigen des Verriegelungsmechanismus allenfalls behutsam Druck aus. Keinesfalls darf der Prozessor schief eingesetzt werden und verkanten. Bevor Sie den Kühlkörper einsetzen, versehen Sie die Rückseite des Prozessors mit einem Klecks frischer Wärmeleitpaste. Sie sollte so bemessen sein, dass eine möglichst dünne Schicht die komplette Kontaktfläche zwischen Prozessor und Kühlkörper bedeckt.

9   Die Paste sorgt für flächendeckenden und gleichmäßigen Kontakt zwischen den Flächen, gleicht vorhandene minimale Unebenheiten aus und sorgt so für perfekte Wärmeableitung. Sie wird nach dem Motto »so viel wie nötig, so wenig wie möglich« aufgetragen. Ich weiß, das ist etwas unspezifisch, aber genauer lässt es sich nicht beschreiben. Beim ersten Mal neigt man allerdings erfahrungsgemäß dazu, zu viel Paste aufzutragen. Versuchen Sie es ggf. mehrmals und entfernen Sie überflüssige Paste einfach wieder. Selbst eine kleine Tube reicht üblicherweise für viele Versuche.

3. Probleme mit dem BIOS beheben

Bevor ein PC das Windows-Betriebssystem ausführt, wird zunächst das BIOS aktiv. Solange alles rund läuft, bekommt man davon nicht viel zu sehen. Während des Starts taucht es allenfalls wenige Sekunden am Bildschirm auf und wenn man nicht schnell ist, hat man den Zeitpunkt zum Drücken der richtigen Taste für den Zugang zu den BIOS-Einstellungen (meist ⌨Entf oder ⌨F2) schon verpasst.

Wenn aber etwas schiefläuft, macht sich das BIOS nachhaltiger bemerkbar. Tritt ein schwerwiegender Fehler auf, der einen ordnungsgemäßen Start des PCs verhindert, meldet sich das BIOS – je nach Möglichkeit – entweder mit einer Klartext-Fehlermeldung oder mit schwarzem Bildschirm und Pieptönen.

> ## Was bedeutet BIOS
>
> Das **B**asic **I**nput **O**utput **S**ystem, kurz BIOS, ist das grundlegende Softwaresystem jedes PCs. Es steuert alle Ein- und Ausgabefunktionen sowie den Transport der Bits und Bytes zwischen den verschiedenen Komponenten wie Prozessor, Arbeitsspeicher und Grafikkarte. Außerdem stellt es die Zugriffsmöglichkeiten auf diese Komponenten für das eigentliche Betriebssystem (Windows) bereit.
>
> Das BIOS wird nicht wie andere Anwendungen von einer Festplatte geladen. Es befindet sich auf einem speziellen Speicherbaustein, der es auch im abgeschalteten Zustand bewahrt und von dem es beim Einschalten des PCs direkt ausgeführt werden kann.

BIOS-Fehlermeldungen richtig deuten

Wenn das BIOS soweit starten kann, dass eine Bildschirmausgabe möglich ist, gibt es bei Problemen eine (englische) Fehlermeldung aus. Diese gibt in der Regel einen Hinweis auf die Komponente oder Funktion, die den Fehler verursacht.

Manche Fehlermeldungen weisen auf leicht behebbare Probleme hin, manche sind aber auch Symptome für schwerwiegende Defekte. Die folgende Tabelle führt einige typische Fehlermeldungen auf und gibt ggf. Tipps zur Behebung. Beachten Sie, dass der exakte Wortlaut der Meldungen bei den verschiedenen BIOS-Typen abweichen kann.

```
Press DEL to run Setup
Press F12 for Boot Menu
Operating with DDR3 1066
Dual Channel Mode
8144MB OK
Auto-Detecting Sec Slave...SATA Hard Disk
Auto-Detecting 3rd Master..ATAPI CDROM
3rd Master : TSSTcorpDVD-ROM SH-D324B SB01
             Ultra DMA-Mode-5

Secondary Slave Hard Disk Errror
Press F1 to Resume
```

Fehlermeldung	Bedeutung/Abhilfe
BIOS ROM Checksum Error-System halted	Die Prüfsumme des BIOS-Codes stimmt nicht. Dieser Fehler kann nach einem missglückten BIOS-Update auftreten. Andernfalls ist der BIOS-Chip defekt.
CMOS Battery State low oder CMOS Battery failed	Die Pufferbatterie der Hauptplatine ist schwach oder leer und muss ausgetauscht werden.
CMOS Checksum Failure oder CMOS Checksum Error	Die Prüfsumme der BIOS-Daten stimmt nicht. In der Regel lädt das BIOS dann automatisch die Standardeinstellungen. Ursachen können elektrostatische Auflladung, schwache Pufferbatterie oder ein defekter CMOS-Baustein sein.
CMOS Display Type Mismatch	Der im BIOS angegebene Videotyp und der im System festgestellte stimmen nicht überein. Kann z. B. nach einem Wechsel der Grafikkarte auftreten. Nach einem weiteren Hardware-Reset wird die richtige Karte meist erkannt, sonst ggf. von Hand ändern.
CMOS Memory Size Mismatch	Der vorhandene physikalische Speicher stimmt nicht mit dem im BIOS eingestellten Wert überein. Kann z. B. nach Speichererweiterungen oder -austausch auftreten. Nach einem weiteren Hardware-Reset wird der Speicher meist richtig erkannt, sonst ggf. von Hand ändern.

Fehlermeldung	Bedeutung/Abhilfe
CMOS System Options not set	Die im BIOS gespeicherten Konfigurationsdaten sind nicht auswertbar oder gar nicht vorhanden. Kann beim ersten Start einer neuen Hauptplatine auftreten. Weitere mögliche Ursache ist eine schwache oder defekte Batterie.
CMOS Time and Date not set	Zeit und Datum der internen Uhr sind nicht eingestellt. Kann bei einer neuen Hauptplatine auftreten, dann einfach Zeit und Datum im BIOS oder unter DOS bzw. Windows einstellen. Tritt der Fehler scheinbar unmotiviert auf, ist es wiederum ein Hinweis auf eine schwache Batterie.
HDD Controller Failure	Die Kommunikation mit dem Festplatten-Controller klappt nicht. Alle Kabelverbindungen und Festplatteneinstellungen prüfen. Ansonsten liegt ein Defekt des Controllers vor.
HARD DISK initializing. Please wait a moment	Die Festplatte(n) werden initialisiert.
Invalid Boot Disk	Die eingelegte Startdiskette enthält keine gültigen Bootdaten.
Keyboard Error	Die angeschlossene Tastatur ist defekt oder es ist gar keine angeschlossen (Stecker prüfen). Manchmal liegt auch nur ein Gegenstand auf der Tastatur und drückt eine Taste herunter. Ansonsten kann die Ursache auch ein Defekt im Tastatur-Controller sein, was sich nur durch Austausch dieses Controllers bzw. der Hauptplatine beheben lässt.
KB/Interface Error	Es liegt ein Fehler am Tastaturstecker bzw. der entsprechenden Buchse am PC-Gehäuse vor (Stift verbogen?). Eventuell kann auch ein zu langes Tastaturkabel die Ursache sein.

Fehlermeldung	Bedeutung/Abhilfe
Memory mismatch, run Setup	Der vorhandene physikalische Speicher stimmt nicht mit dem im BIOS eingestellten Wert überein. Kann z. B. nach Speichererweiterungen oder -austausch auftreten. Nach einem weiteren Hardware-Reset wird der Speicher automatisch richtig erkannt.
Memory Parity Error oder Parity Error	Der Speicher ist defekt.
No boot device available – strike F1 to retry boot oder No boot sector on hard disk – strike F1 to retry boot	Auf der Festplatte oder Diskette befinden sich keine gültigen Bootdaten. Diskette entnehmen bzw. austauschen. Bei Festplatte Anschlüsse und Formatierung überprüfen.
No time tick	Die interne Uhr der Hauptplatine ist defekt.
Press TAB to show POST screen	Bei manchen BIOS-Versionen werden viele BIOS-Meldungen standardmäßig nicht angezeigt. Dann ⌨ drücken, um die volle Ausgabe zu sehen.
Primary Controller Resource Conflict	Ressourcenkonflikt zwischen dem primären Festplatten-Controller und einer anderen Komponente.
Primary Master Hard Disk Error	Fehler bei der Festplatte am Master-Kanal des primären Festplatten-Controllers.
Primary Memory Conflict	Zwei PCI-Geräte beanspruchen den gleichen primären Speicherbereich.
Primary Slave Hard Disk Error	Fehler bei der Festplatte am Slave-Kanal des primären Festplatten-Controllers.
Real time clock error	Die interne Uhr der Hauptplatine ist defekt.
Secondary Controller Resource Conflict	Ressourcenkonflikt zwischen dem sekundären Festplatten-Controller und einer anderen Komponente.
Secondary Master Hard Disk Error	Fehler bei der Festplatte am Master-Kanal des sekundären Festplatten-Controllers.

Fehlermeldung	Bedeutung/Abhilfe
Secondary Slave Hard Disk Error	Fehler bei der Festplatte am Slave-Kanal des sekundären Festplatten-Controllers.
System battery is dead oder System battery failed	Die Pufferbatterie der Hauptplatine ist schwach oder leer und muss ausgetauscht werden.

BIOS-Beepcodes ohne Bildschirmausgabe verstehen

Die vorangehend beschriebenen Fehlermeldungen haben zumindest den positiven Aspekt, dass das BIOS immerhin noch den Bildschirm ansteuern und eine entsprechende Ausgabe erzeugen kann. Es gibt aber auch sehr schwerwiegende Fehler, bei denen nicht mal mehr das gelingt. Dann bleibt der Bildschirm schwarz. Auch in diesem Fall kann sich das BIOS aber unter Umständen noch bemerkbar machen, indem es einen Lautsprecher ansteuert und durch eine Abfolge von langen und kurzen Pieptönen (Beepcodes) zu erkennen gibt, was für eine Art von Problem vorliegt. Die genaue Bedeutung dieser Beepcodes hängt vom Hersteller des PCs bzw. BIOS ab. Wenn bei Ihrem PC der Bildschirm schwarz bleibt und er nur noch piept, sollten Sie deshalb die Dokumentation Ihres Mainboards befragen (ggf. beim Hersteller herunterladen). Dort sind die Codes erläutert oder es sollte sich zumindest ein Link auf eine entsprechende Onlineübersicht finden.

BIOS-Einstellungen zurücksetzen

Wenn der PC bis zum BIOS-Start kommt, dann aber hängenbleibt, sollten Sie die BIOS-Konfiguration zurücksetzen. Möglicherweise haben sich hier Fehler eingeschlichen, die den Start verhindern. Dies gilt vor allem nach Änderungen an der Hardwarekonfiguration oder auch beim Herstellen der Minimalkonfiguration (siehe Seite 23). Erfahrungsgemäß kann es aber auch ohne äußeren Anlass zu Konfigurationsfehlern kommen. Diese lassen sich durch Zurücksetzen der Einstellungen beheben. Das BIOS startet dann mit konservativen Einstellungen, was etwa Taktfrequenzen und Timings angeht. Außerdem werden dabei viele Parameter passend zur Hardware neu ermittelt. In der Regel ist ein Zurücksetzen der Einstellungen unproblematisch. Eventuell verliert der PC etwas Leistung, wenn speziell optimierte Timings dadurch verschwinden. Dafür läuft er aber wieder und die Optimierungen kann man anschließend ggf. wiederherstellen. Problematisch können RAID-Controller sein, die den Zugriff auf die gespeicherten Daten nur mit der korrekten Konfiguration erlauben. In einem solchen Fall sollten Sie diesen Eingriff besser einem Fachmann überlassen, um keine Datenverluste zu riskieren.

Wenn BIOS-Meldungen auf dem Bildschirm angezeigt werden, können Sie in der Regel auch die dort angegebene Taste drücken, um in die BIOS-Einstellungen zu gelangen. Folgen Sie dort den Anweisungen, um die Einstellungen auf den Werksstandard zurückzusetzen. Vorher ist es aber sicher keine schlechte Idee, die aktuelle Konfiguration des BIOS zu dokumentieren, beispielsweise indem Sie einfach mit dem Smartphone den Bildschirminhalt der verschiedenen Dialoge knipsen.

Der Vorgang des Zurücksetzens besteht in der Regel aus zwei Schritten:

1 Laden der Standardkonfiguration (englisch meist als »Default« oder »Fail-Safe« bezeichnet).

2 Speichern der so geänderten BIOS-Einstellungen mit anschließendem Neustart.

Sollte der Zugang zum BIOS nicht möglich sein, kann man die Einstellungen auch per Hardware zurücksetzen. Die nachfolgenden Abschnitte beschreiben zwei verschiedene Möglichkeiten, dies zu erreichen.

Die Speicherbatterie des BIOS entfernen

Damit die BIOS-Konfiguration dauerhaft gespeichert werden kann, benötigt der BIOS-Speicher elektrischen Strom. Wenn der PC abgeschaltet und vom Stromnetz getrennt ist, kommt diese Energie aus einer Knopfbatterie oder einem Kondensator auf der Hauptplatine, die z. B. auch die interne Uhr des Rechners antreiben. Wenn diese Batterie leer ist, gehen die gespeicherten Informationen verloren und die BIOS-Konfiguration wird beim nächsten Start auf die

Fabrikeinstellungen zurückgesetzt. Das kommt während der durchschnittlichen Lebenszeit eines PCs zwar kaum noch vor, kann aber künstlich erzwungen werden. Daraufhin wird das gesamte BIOS auf die Werkseinstellungen zurückgesetzt. Wenn Ihr PC über eine austauschbare Batterie verfügt, können Sie diese wie im Folgenden beschrieben entfernen.

1 Um die Batterie zu entnehmen, müssen Sie das Gehäuse des PCs öffnen. Deshalb sollte die Stromversorgung aus Sicherheitsgründen ohnehin entfernt sein. Es ist aber auch so für die folgenden Schritte wichtig, dass das Mainboard nicht mehr extern mit Strom versorgt wird.

2 Suchen Sie auf dem Mainboard nach der Batterie. Dabei handelt es sich beispielsweise um eine Knopfzellenbatterie, wie man sie (in kleinerer Form) auch aus Armbanduhren kennt. Ziehen Sie ggf. die Dokumentation des PCs hinzu, um die Position der Batterie ausfindig zu machen.

3 Merken Sie sich die Position der Batterie ggf. mit einem Foto. Dann wissen Sie später genau, welche Seite nach oben muss. Hebeln Sie die Zelle dann vorsichtig aus der Fassung und entnehmen Sie sie. Lassen Sie die Hauptplatine nun eine Weile ohne Stromversorgung ruhen. In der Regel reichen wenige Minuten aus. Längstens eine halbe Stunde sollte allemal genügen.

4 Setzen Sie die Batterie anschließend vorsichtig wieder in die Fassung ein und bauen Sie den Rechner wieder zusammen. Beim anschließenden Start merkt das BIOS ggf. an, dass die Werkeinstellung durchgeführt wird. Gegebenenfalls müssen Sie dies durch Drücken einer Taste bestätigen.

Das BIOS per Jumper zurücksetzen

Ist bei Ihrem Mainboard ein Kondensator fest eingebaut, verfügt es aber immer über eine Reset-Funktion für das BIOS (nicht zu verwechseln mit der Reset-Taste am Gehäuse!). Dabei handelt es sich um eine Schutzfunktion, die den PC unter allen Umständen wieder zum Leben erwecken soll, selbst wenn die BIOS-Einstellungen z. B. durch ein fehlerhaftes Update oder einen technischen Defekt vermurkst sind. Die genaue Umsetzung dieser Reset-Funktion ist je nach Hersteller und Modell unterschiedlich. Meist handelt es sich um einen Mikroschalter oder eine offene Steckbrücke, die für einen kurzen Zeitraum geschlossen werden muss, um das Zurücksetzen zu bewirken. Lesen Sie am besten in der Dokumentation Ihres Mainboards nach, ob eine solche Funktion vorhanden ist und wie sie genutzt werden kann.

1 Sollten Sie über keinerlei Dokumentation verfügen, können Sie auf einer gut beschrifteten Hauptplatine nach einer Steckbrücke oder einem Schalter mit der Beschriftung *Clear CMOS* oder ähnlich suchen.

2 Haben Sie die Reset-Funktion lokalisiert, betätigen Sie den Schalter bzw. verbinden die beiden Kontakte für einige Sekunden mit einem Metallwerkzeug. Dadurch wird der CMOS-Speicherbaustein des BIOS von der Stromversorgung getrennt und somit gelöscht.

3 Beim nächsten Start des PCs werden die gelöschten Einstellungen automatisch durch die Werkseinstellungen ersetzt.

UEFI- vs. BIOS-Modus

Ein neuerer Stolperstein im Zusammenspiel zwischen Windows und BIOS ist der Bootmodus. Hier gibt es die alte Variante BIOS-Modus und den neueren UEFI-Modus. Windows startet nur in dem Modus, mit dem es ursprünglich installiert wurde.

Ändert sich dieser Modus durch das Zurücksetzen des BIOS, verweigert Windows anschließend das Laden. In dem Fall sollten Sie in den BIOS-Einstellungen testweise auf den jeweils anderen Modus umschalten.

4. Windows-Startprobleme beheben

Der PC an sich scheint zu laufen, aber Windows verweigert den Dienst? Gibt es eine Fehlermeldung am Bildschirm, hat man zumindest einen Hinweis auf die mögliche Ursache. Der Windows-Start kann aber auch mal ganz kommentarlos »stehen bleiben«, der Bildschirm bleibt unverändert oder die animierte Grafik läuft endlos vor sich hin. Die folgenden Anleitungen sind nach den Kriterien Komplexität und negative Seiteneffekte sortiert und sollten am besten in dieser Reihenfolge angegangen werden. So kommen zunächst einfache, schnell durchzuführende Maßnahmen, die das Problem im Erfolgsfall ohne Datenverluste beheben. Erst am Ende werden Maßnahmen vorgestellt, die hartnäckige Probleme zwar beheben, dabei aber den Verlust von Einstellungen oder aktuellen Dateiversionen in Kauf nehmen.

Einfach mal neu starten

Ein vereinzelter schiefgegangener Windows-Start muss kein Grund zur Beunruhigung sein. Tritt dies erstmalig oder nur selten auf, einfach den PC ausschalten (Ein-/Ausschaltknopf länger gedrückt halten, bis der PC abgeschaltet wird) und dann von vorne beginnen.

Wenn dann alles klappt und Windows startet (es kann wegen des harten Ausschaltens etwas länger als gewohnt dauern), ist alles in Ordnung und man kann das zumindest vorläufig als einmaligen Ausrutscher abhaken.

Windows vollständig neu starten

Einige Probleme entstehen aufgrund der Tatsache, dass Windows nicht mehr wirklich neu startet, sondern standardmäßig einen Schnellstartmodus verwendet. Beim Beenden werden nur die Anwendungen des Benutzers und oberflächliche Hintergrunddienste beendet. Vom eigentlichen Betriebssystemkern wird der aktuelle Zustand »eingefroren« und als Datei auf der Festplatte abgelegt. Beim nächsten Start wird er von dort wieder geladen, was schneller geht als alle Komponenten und Dienste einzeln von der Festplatte zu laden und zu starten. Diese Methode spart Zeit, kann aber Nebenwirkungen haben, denn dadurch werden die diversen Dienste des Systems nicht regelmäßig initialisiert. Wenn erst mal etwas schiefläuft, dann läuft es einfach weiter schief.

Deshalb ist es manchmal eine einfache Lösung, Windows einmal wirklich herunterzufahren und neu zu starten. Das geht ganz einfach, indem Sie wie gewohnt beispielsweise über die Taskleiste die Funktion zum Herunterfahren aufrufen, während des Klicks auf *Herunterfahren* aber ⇧ gedrückt halten. Herunterfahren und neu starten dauert dabei etwas länger als gewohnt.

Wollen Sie ganz sicher sein, dass Windows vollständig neu startet, können Sie alternativ ⊞+Ⓡ drücken, um den *Ausführen*-Dialog zu öffnen. Dort tippen Sie den Befehl `shutdown /s /f /t 0` ein.

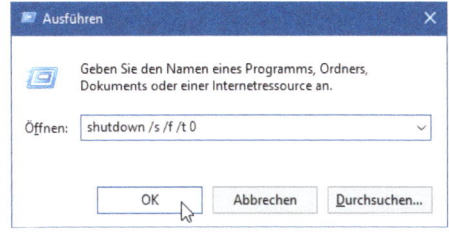

Den Schnellstartmodus deaktivieren

Sollte der Schnellstartmodus regelmäßig für Probleme sorgen, kann man ihn auch dauerhaft deaktivieren. Dann wird Windows bei jedem Beenden auch wirklich vollständig heruntergefahren, sodass negative Seiteneffekte ausbleiben. Der Preis dafür ist allerdings eine längere Startdauer bei jedem Einschalten. Bis zu einer Minute kann die zusätzliche Wartezeit auf einem zeitgemäßen PC betragen.

1 Öffnen Sie in der Systemsteuerung das Modul *Energieoptionen*.

2 Klicken Sie in der Navigationsleiste am linken Rand auf *Auswählen*, was beim Drücken von Netzschaltern geschehen soll.

3 Klicken Sie dann auf den Link *Einige Einstellungen sind momentan nicht verfügbar*, um alle Optionen in diesem Dialog verändern zu können.

4 Nun können Sie unten im Bereich *Einstellungen für das Herunterfahren* die Option *Schnellstart aktivieren (empfohlen)* ausschalten.

5 Übernehmen Sie die neue Einstellung mit *Änderungen speichern*.

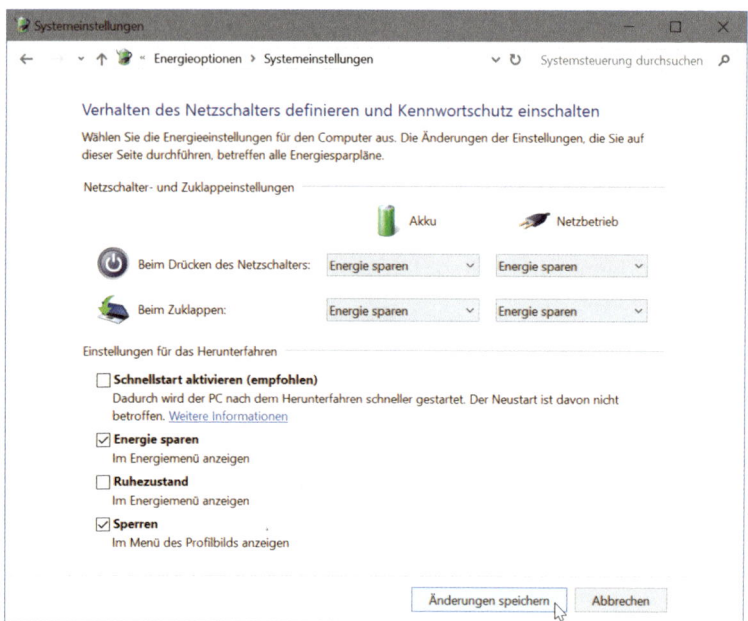

Im abgesicherten Modus repariert Windows sich selbst

Wann immer Windows nicht starten will oder sich anderweitig nachhaltig störrisch zeigt, ist mein erster Tipp immer ein Start im abgesicherten Modus. Meiner Erfahrung nach kann dies »Wunder bewirken« und manches unspezifische Problem wie von selbst beheben. Zudem bietet der abgesicherte Modus Möglichkeiten zur Reparatur des Systems und zum Zugriff auf Daten, wenn der reguläre Start nicht möglich ist.

1 Wenn Sie eine Startkonfiguration mit mehreren Windows-Installationen haben, wird diese bei jedem Start angezeigt. Andernfalls drücken Sie während des Startvorgangs nach Abschluss der BIOS-Meldungen [F8], bis der Bootmanager erscheint.

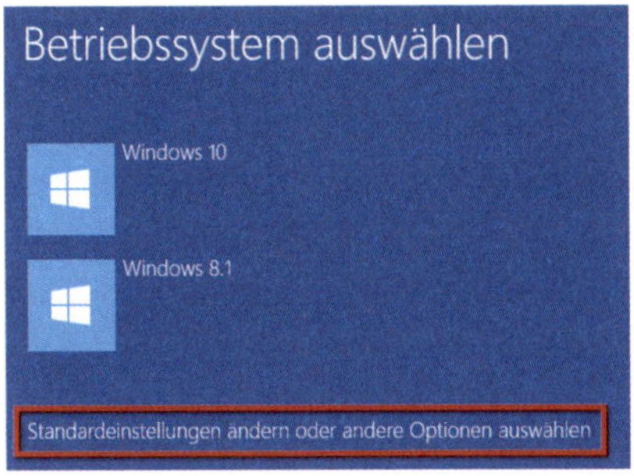

2 Wählen Sie anstelle einer Startkonfiguration unten *Standardeinstellungen ändern oder andere Optionen auswählen*.

3 Entscheiden Sie sich nun in den
Optionen ganz unten für *Weitere
Optionen auswählen*.

4 Als Nächstes klicken Sie auf die
Option *Problembehandlung*.

5 Danach folgt ein Klick auf *Erweiterte Optionen*.

6 Und schließlich noch ein Klick auf *Starteinstellungen*.

7 Das war es leider immer noch nicht. Klicken Sie auf dem folgenden Bildschirm unten rechts auf *Neu starten*, um einen Neustart des PCs einzuleiten.

8 Bei diesem Start wird nun ein Auswahlmenü angezeigt, das in etwa dem
erweiterten Startmenü früherer Windows-Versionen entspricht. Allerdings bietet es im Vergleich dazu sogar noch mehr Auswahlmöglich-
keiten. Um Windows im »klassischen« abgesicherten Modus zu starten,
drücken Sie die ④ bzw. die ⑤ für einen abgesicherten Start mit Netzver-
bindung. Sollten Sie an dieser Stelle doch lieber normal starten wollen,
drücken Sie einfach ⏎.

Hinweis

Sie können den abgesicherten Modus als eigenen Menüpunkt in der
Auswahlliste des Bootmanagers verankern, sodass er im Ernstfall schnell
und unkompliziert zugänglich ist. Die Vorgehensweise dazu ist auf Seite 157 beschrieben.

Im abgesicherten Modus werden nur die Kerntreiber geladen und die üblichen Autostartprogramme nicht aktiviert. Dadurch entfallen viele Fehlerquellen, die den regulären Start verhindern können. Sie sind automatisch mit
Administratorrechten angemeldet und haben Zugriff auf alle Einstellungen
und Kernfunktionen von Windows.

Dadurch können Sie nun viele der in diesem Buch beschriebenen Reparatur- und Wiederherstellungsmaßnahmen durchführen, selbst wenn Windows nicht mehr regulär startet. Ist der abgesicherte Start abgeschlossen, können Sie Windows einfach auch direkt wieder herunterfahren und regulär neu starten. Oftmals reicht das schon, um kleine Stolpersteine zu beseitigen, und der anschließende normale Start klappt wieder.

Startprobleme mit der Problembehandlung beseitigen

Windows bringt ab Werk eine Starthilfe mit, die typische Probleme während des Startvorgangs erkennen und beheben kann. Sie überprüft auf Wunsch die Systempartition auf typische Fehler, die einen reibungslosen Start verhindern könnten.

Dazu gehören z. B. beschädigte oder versehentlich überschriebene Bootsektoren oder aber auch schiefgelaufene »Optimierungen« an den Startoptionen von Windows. Außerdem wertet das Programm die Ereignisprotokolle vom letzten Startversuch aus, um dem Problem auf die Spur zu kommen. Im Detail führt die Systemstartreparatur folgende Tests und ggf. Reparaturen durch:

- Test des Systemdatenträgers,
- Fehlerdiagnose des Datenträgers,
- Test der Datenträger-Metadaten,
- Test des Zielbetriebssystems,
- Überprüfen des Volumeninhalts,
- Diagnose des Start-Managers,
- Diagnose des Ereignisprotokolls,
- Erkennen und Ersetzen wichtiger Systemdateien sowie
- Test des Startstatus.

Wie auch beim abgesicherten Start sind die erweiterten Startoptionen der Ausgangspunkt für die Startproblembehandlung.

Wenn der Bootmanager nicht ohnehin beim Start angezeigt wird, drücken Sie während des Startvorgangs nach Abschluss der BIOS-Meldungen F8, bis der Bootmanager erscheint.

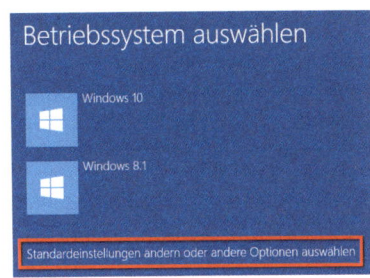

1   Wählen Sie anstelle einer Startkonfiguration unten *Standardeinstellungen ändern oder andere Optionen auswählen*.

2   Entscheiden Sie sich in den Optionen ganz unten für *Weitere Optionen auswählen*.

3   Als Nächstes klicken Sie auf *Problembehandlung*.

4   Danach folgt ein Klick auf *Erweiterte Optionen*.

5   Wählen Sie in den erweiterten Optionen schließlich *Starthilfe*.

6   Windows startet daraufhin neu und bereitet die automatische Reparatur vor. Wählen Sie dazu zunächst Ihr Benutzerkonto auf dem zu reparierenden System aus und geben Sie das dazugehörige Kennwort ein.

7   Nun prüft der Assistent, ob sich das System starten lässt, bzw. versucht ggf. zu ermitteln, warum es sich eben nicht starten lässt.

Eine Reihe typischer Probleme wie defekte Bootinformationen oder fehlerhafte Partitionsdaten kann der Assistent so selbstständig erkennen und beheben.

Die Starthilfe vom Installationsmedium aus nutzen

Auch wenn Ihr PC nicht mehr bis zum Bootmanager kommt (genauer gesagt gerade dann), können und sollten Sie die Starthilfe verwenden. Hierfür benötigen Sie einen Wiederherstellungsdatenträger (siehe Seite 151). Alternativ können Sie einen Installationsdatenträger verwenden, der zur installierten Windows-Version passt. Dieser kann beispielsweise als DVD oder UBS-Stick vorliegen.

1 Legen Sie das Medium ein und starten Sie den PC neu. Wenn die Startpartition beschädigt ist, sollte er ohnehin von einer DVD bzw. einem USB-Stick starten. Andernfalls müssen Sie ggf. mithilfe des BIOS dafür sorgen, dass der Rechner von dem gewünschten Medium bootet.

2 Warten Sie, bis das Fenster mit den Installationseinstellungen angezeigt wird, und klicken Sie dann im Fenster unten rechts auf *Weiter*.

3 Klicken Sie im nächsten Schritt dann anstelle von *Jetzt installieren* unten links auf *Computerreparaturoptionen*.

4 Damit gelangen Sie zu Schritt 3 des vorangehend beschriebenen Ablaufs. Wählen Sie hier nun wieder *Problembehandlung*, dann *Erweiterte Optionen* und schließlich *Starthilfe*.

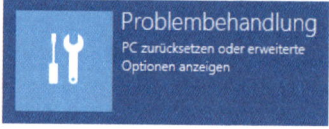

5 Hier zeigt sich ggf. ein Unterschied: Wenn Sie mehrere Windows-Systeme parallel auf Ihrem PC installiert haben sollten, wählen Sie das Windows-System aus, das Sie reparieren möchten. Ab da läuft der Vorgang wieder wie vorangehend beschrieben ab.

Hinweis

Wenn Sie eine ältere Windows-Version auf diese Weise zu reparieren versuchen, werden Sie eventuell eine Meldung erhalten, dass diese nicht unterstützt würde. Das ist auch korrekt.

Es gibt aber eine einfache Lösung: Gehen Sie genau wie beschrieben vor, legen Sie dabei aber jeweils das Installationsmedium der zu reparierenden Windows-Version ein. Also eine Windows-8-DVD, um Windows 8 zu reparieren, eine Windows-7-DVD, um Windows 7 zu reparieren etc.

Automatische Reparatur beim Start deaktivieren

Windows verfügt über eine Funktion zur automatischen Reparatur typischer Probleme. Das ist eine gute Sache, die normalerweise ganz unauffällig ihren Dienst verrichtet, sodass man als Benutzer davon gar nichts mitbekommt. Es kann aber auch vorkommen, dass eben diese automatische Reparatur Probleme verursacht, weil sie beim Start ein Problem erkennt, die automatische Behebung aber mit einem Neustart abgebrochen wird. Im Extremfall gelangt Windows dadurch in eine Endlosschleife von neuen Starts. Man erkennt dies daran, dass auf dem Bildschirm während des Startvorgangs *Automatische Reparatur wird vorbereitet* steht. Tritt dies regelmäßig auf, kann man diese Funktion deaktivieren. Gelingt der Windows-Start zwischendurch noch, kann man dazu den folgenden Befehl in einer Eingabeaufforderung mit Administratorrechten eingeben:

```
bcdedit /set recoveryenabled NO
```

Befindet Windows sich schon in einer Dauerschleife von Neustarts, muss man dazu wie vorangehend beschrieben die Startoptionen öffnen und erhält dort mit *Weitere Optionen auswählen/Problembehandlung/Erweiterte Optionen/Eingabeaufforderung* die Möglichkeit, die erforderlichen Befehle abzusetzen. Noch ein Hinweis: Da das automatische Reparieren an sich eine sinnvolle und hilfreiche Funktion ist, sollte das Deaktivieren nur eine kurzfristige Sofortmaßnahme und keine Dauerlösung sein. Es empfiehlt sich deshalb in dieser Situation, das eigentliche zugrunde liegende Problem zu beheben und die automatische Reparatur anschließend mit dem folgenden Befehl wieder zu aktivieren:

```
bcdedit /set recoveryenabled YES
```

> **Alternative mit fsutil**
>
> Sollte die beschriebene Methode mit *bcdedit* zu einer Fehlermeldung führen, können Sie alternativ das Kommandozeilenprogramm *fsutil* verwenden: Mit `fsutil repair set c: 0` deaktivieren Sie das automatische Reparieren für Laufwerk *C:*. Zum Reaktivieren verwenden Sie `fsutil repair set C: 1`.

Den Windows-Bootsektor reparieren

Eine Beschädigung des Bootsektors auf der Festplatte verhindert den Windows-Start sehr effektiv. Ganz von alleine passiert das eher selten. Aber es kann schnell vorkommen, wenn man selbst an den Einstellungen experimentiert oder ein weiteres Betriebssystem parallel installieren will. Auch Trojaner oder andere Schadsoftware manipulieren an dieser Stelle gern. Liegt kein Hardwareproblem mit der Festplatte vor, lässt sich der Bootsektor aber mit wenigen Schritten reparieren.

1 Starten Sie zunächst den PC, wie in den vorangehenden Anleitungen beschrieben, von einem Wiederherstellungsdatenträger und hangeln Sie sich durch die erweiterten Startoptionen, bis Sie zur Eingabeaufforderung gelangen (*Weitere Optionen auswählen/Problembehandlung/Erweiterte Optionen/Eingabeaufforderung*).

2 Nach dem Start der Eingabeaufforderung geben Sie hier zunächst den folgenden Befehl ein. Dieser erstellt den **M**aster **B**oot **R**ecord (MBR) neu und überschreibt dabei eventuell beschädigte Daten. Die Partitionstabelle wird dabei nicht angefasst, sodass Sie diesen Befehl jederzeit bedenkenlos einsetzen können.

```
bootrec /fixmbr
```

3 Dasselbe Programm kann ebenso den Startsektor der Systempartition neu schreiben und dadurch eventuelle Beschädigungen des Bootsektors beheben. Geben Sie dazu diesen zweiten Befehl ein und probieren Sie dann aus, ob Windows sich nun wieder starten lässt:

```
bootrec /fixboot
```

4 Das bootrec-Programm kann auch helfen, aus dem Bootmanager verschwundene Einträge wiederherzustellen. Der nachfolgende Befehl durchsucht alle Datenträger nach Windows-Installationen, listet aber nur diejenigen auf, für die derzeit kein Eintrag im Bootmanager zu finden ist. Hinweis: Wird ein System mit *windows.old* im Pfad gefunden, handelt es sich dabei um eine alte Version, die durch ein Upgrade aktualisiert wurde. Diese kann also ignoriert werden.

```
bootrec /ScanOs
```

5 Finden Sie mit der Scan-Funktion fehlende Installationen, können Sie diese dem Bootmanager wieder hinzufügen. Verwenden Sie dazu den folgenden Befehl. Sie können dann jeweils interaktiv entscheiden, ob eine gefundene Installation im Bootmanager angezeigt werden soll oder nicht.

```
bootrec /RebuildBcd
```

Systemdateien eines nicht mehr startenden Windows reparieren

Das Programm *System File Checker* (SFC) gehört zum Lieferumfang von Windows und überprüft alle Windows-Systemdateien auf Integrität. Es kann in Windows jederzeit per Eingabeaufforderung genutzt werden (siehe Seite 83). Lässt sich Windows gar nicht mehr starten, kann es auch von einem Wiederherstellungsdatenträger ausgeführt werden.

Wichtig dabei: Der Wiederherstellungsdatenträger muss zur aktuellen Windows-Version passen, und zwar idealerweise zur aktuell verwendeten Upgrade-Version von Windows 10. Das ist einer der Gründe, warum es sinnvoll ist, nach einem Windows-Upgrade jeweils einen aktuellen Wiederherstellungsdatenträger zu erstellen. Andernfalls kann SFC als beschädigt erkannte Dateien nicht ersetzen, da es nicht über die aktuelle Version verfügt.

1 Starten Sie zunächst den PC, wie in den vorangehenden Anleitungen beschrieben, von einem Wiederherstellungsdatenträger und hangeln Sie sich durch die erweiterten Startoptionen, bis Sie zur Eingabeaufforderung gelangen (*Weitere Optionen auswählen/Problembehandlung/Erweiterte Optionen/Eingabeaufforderung*).

2 Um das SFC-Programm für das richtige Laufwerk ausführen zu können, müssen Sie den Laufwerkbuchstaben kennen. Da dieser nicht notwendigerweise mit dem üblichen übereinstimmt, sollten Sie nachsehen. Geben Sie dazu den Befehl diskpart ein, warten Sie kurz und geben Sie dann list volume ein.

Das Programm zeigt eine Liste mit allen Laufwerken an. An den Bezeichnungen und Größenangaben können Sie das richtige Laufwerk ermitteln. In der Spalte *Bst* finden Sie den zugeordneten Laufwerkbuchstaben. Notieren Sie sich den Buchstaben des Windows-Laufwerks sowie – falls davon abweichend – der Startpartition mit den Bootinformationen. Verlassen Sie das diskpart-Programm dann mit dem Befehl exit.

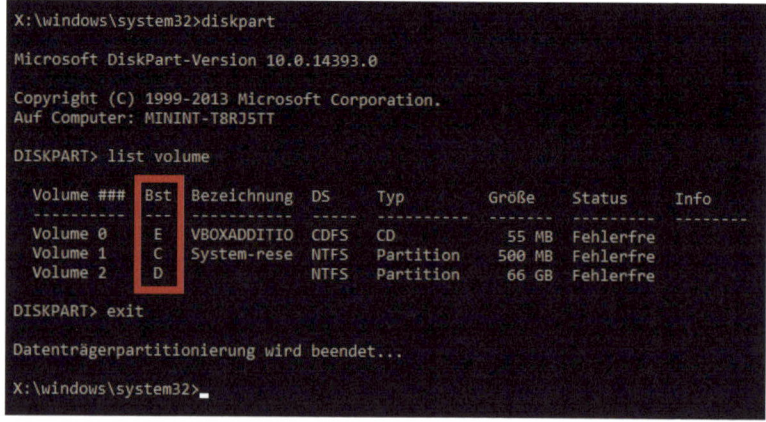

3 Mit den ermittelten Laufwerkbuchstaben können Sie nun das SFC-Programm starten. Dabei geben Sie bei offbootdir= den Laufwerkbuchstaben der Startpartition an. Dies ist in der Regel die nur wenige 100 MByte große, für das System reservierte Partition. Bei offwindir= geben Sie den vollständigen Pfad zur Windows-Partition auf dem entsprechenden Laufwerk an.

```
sfc /offbootdir=D:\ /offwindir=C:\windows↵
   /scannow
```

4 Das SFC-Programm überprüft nun die Dateien auf dem angegebenen Windows-Systemlaufwerk. Dies nimmt einige Zeit in Anspruch. Stellt das Programm beschädigte Systemdateien fest, versucht es unmittelbar, sie durch intakte Kopien zu ersetzen. Auf Seite 83 ist der Ablauf ausführlicher und mit weiterführenden Informationen beschrieben. Hier deshalb nur die Kurzfassung.

5 Meldet das Programm, dass keine beschädigten Dateien gefunden wurden, ist alles in Ordnung. Meldet das Programm, dass Daten erfolgreich repariert wurden, wiederholen Sie den Vorgang, bis keine beschädigten Dateien mehr gemeldet werden.

Einen funktionierenden Systemstatus wiederherstellen

Sollte es Ihnen mit den bislang beschriebenen Methoden nicht gelungen sein, Ihr Windows wieder zum Starten zu bewegen, empfiehlt sich als nächster Schritt die Rückkehr zum letzten Wiederherstellungspunkt (vor dem ersten Auftreten des Problems). Das geht auch, wenn kein Systemstart mehr möglich ist, denn Sie können diese Funktion auch in den erweiterten Startoptionen nutzen. Das Konfigurieren der Wiederherstellungsfunktion und das Anlegen eigener Wiederherstellungspunkte werden in Kapitel 11 ausführlich beschrieben. Nachteil dieser Vorgehensweise: Alle Änderungen an der Systemkonfiguration, die seit dem Anlegen dieses Wiederherstellungspunktes vorgenommen wurden, gehen dadurch verloren. Auch Anwendungen, die seitdem installiert wurden, müssen anschließend ggf. neu installiert werden, da die dazugehörenden Registry-Informationen beim Wiederherstellen verloren gehen. Änderungen an Ihren persönlichen Dateien bleiben aber erhalten.

1 Starten Sie den PC, wie in den vorangehenden Anleitungen beschrieben, von einem Wiederherstellungsdatenträger und hangeln Sie sich durch die

erweiterten Startoptionen, bis Sie *System wiederherstellen* als Option auswählen können (*Problembehandlung/Erweiterte Optionen*).

2 Windows startet nur kurz neu und aktiviert die Wiederherstellungsumgebung. Wählen Sie Ihr Benutzerkonto (mit Administratorrechten) aus und
geben Sie das dazugehörende Kennwort an.

3 Nun startet in der Wiederherstellungsumgebung der Assistent zum Wiederherstellen von Systemdateien und -einstellungen. Er unterscheidet sich
nur optisch von seinem Pendant, das Sie bei einem laufenden Windows
jederzeit aufrufen können.

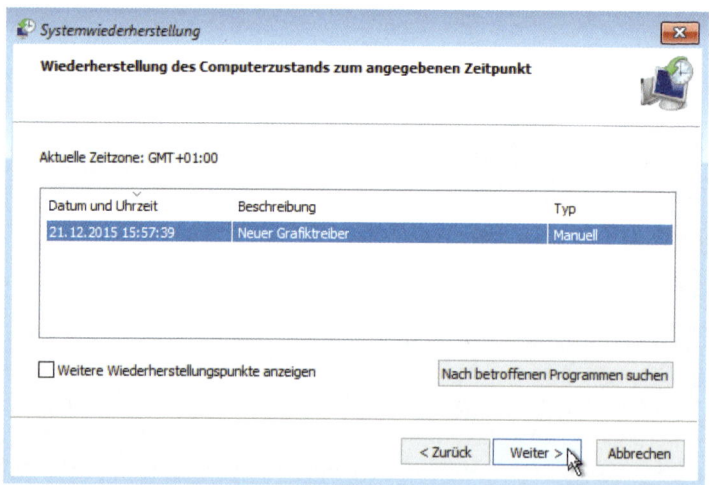

4 Wählen Sie einen Wiederherstellungspunkt aus der Liste aus. Idealerweise haben Sie mehrere zur Auswahl, von denen Sie denjenigen auswählen
sollten, der als letzter vor dem ersten Auftreten der Startprobleme liegt.

5 Der Assistent zeigt dann eine Zusammenfassung der Wiederherstellung
an. Hier können Sie mit *Nach betroffenen Programmen suchen* überprüfen,
auf welche Anwendungen das Wiederherstellen möglicherweise Auswirkungen haben könnte.

6 Klicken Sie dann unten auf *Fertig stellen*. Der Assistent stellt die Daten wieder her und startet dann in diesem Zustand neu.

Ein gesichertes Systemabbild wiederherstellen

Sollte auch das Zurückgreifen auf einen Wiederherstellungspunkt keine Lösung bringen, bleibt als nächste Eskalationsstufe das Einspielen des zuletzt angefertigten Systemabbilds.

Dieses hat den Nachteil, dass alle Änderungen an System, Anwendungen und Dateien seit dem Erstellen dieses Abbilds verloren gehen. Wenn Sie aber wichtige persönliche Dateien zusätzlich aktuell gesichert haben und anschließend von dort wiederherstellen können, ist dies eine sinnvolle Option. Denn nach dem Wiederherstellen des Systemabbilds sollten Sie in jedem Fall wieder ein lauffähiges Windows haben.

> **Auffrischen statt Wiederherstellen**
>
> Im anschließenden Abschnitt stelle ich als Alternative zum Wiederherstellen eines Systemabbilds die Auffrischen-Funktion vor. Diese setzt das Windows-System mit allen Einstellungen auf den Auslieferungszustand zurück.
>
> Auch Apps und Anwendungen müssen anschließend neu installiert und eingestellt werden. Aber – und das ist der wesentliche Unterschied – die persönlichen Dateien des Benutzers bleiben dabei unangetastet. Wenn Sie also seit dem letzten Systemabbild viel an Ihren Dokumenten gearbeitet oder beispielsweise anderweitig unwiederbringliche Bilder auf dem PC gespeichert haben, die beim Wiederherstellen verloren gehen würden, dann ist das Auffrischen möglicherweise die bessere Alternative.

Sicherungen per Wiederherstellungsumgebung einspielen

Das Wiederherstellen einer Komplettsicherung kann nicht im laufenden Windows erfolgen. Schließlich wird dabei die gesamte Systempartition überschrieben, womit dem laufenden System sozusagen der Boden unter den Füßen weggezogen würde. Stattdessen gibt es eine spezielle Wiederherstellungsumgebung, die direkt beim Systemstart aktiviert werden kann:

1 Öffnen Sie die erweiterten Starteinstellungen und wählen Sie dort *Pro-blembehandlung*, dann *Erweiterte Optionen* und schließlich *System-image-Wiederherstellung*.

2 Der PC startet dann neu, was etwas länger als gewohnt dauern kann.

3 Anschließend befinden Sie sich im Systemimage-Wiederherstellungs-modus. Wählen Sie zunächst aus, welches Benutzerkonto für die Wieder-herstellung genutzt werden soll (also in der Regel Ihr eigenes). Geben Sie anschließend das dazugehörige Kennwort an.

4 Ein Assistent sucht dann nach Komplett-sicherungen, die für diese Windows-In-stallation vorhanden sind, und bietet Ih-nen automatisch an, die neueste davon wiederherzustellen. Sollten Sie auf einen älteren Stand zurück-greifen wollen, wäh-len Sie unten *System-abbild auswählen*.

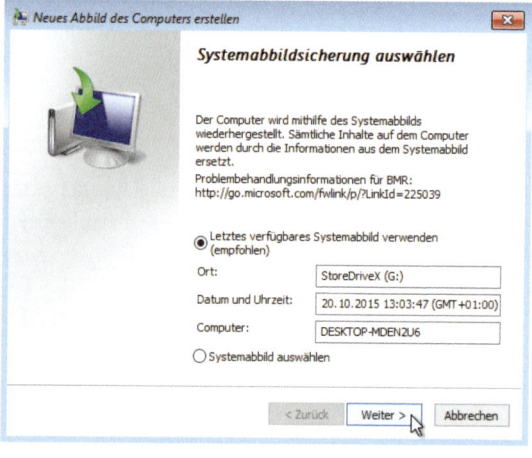

5 Anschließend können Sie mit der gleichnamigen Option den Datenträger formatieren und neu partitionieren lassen. Dies ist wichtig, wenn Sie für das Wiederherstellen des Systems eine neue Festplatte eingebaut haben, die noch nicht formatiert ist.

Aber auch wenn Sie seit dem Erstellen der Komplettsicherung die Parti-tionierung des Systems verändert haben, sollten Sie diese Option wäh-len; andernfalls kann es beim Wiederherstellen Probleme geben. Haben Sie an den Laufwerken gar nichts verändert, können Sie auf die Option verzichten und die Wiederherstellung so etwas beschleunigen.

6 Im anschließenden Schritt können Sie die gewählten Wiederherstellungs-daten noch einmal überprüfen. Klicken Sie dann unten auf *Fertig stellen*.

7 Nun folgen noch einmal ein Hinweis und eine Rückfrage, ob Sie auch wirklich die Systemwiederherstellung durchführen und dabei die vorhandenen Daten löschen wollen. Bestätigen Sie mit *Ja*.

8 Nun wird das Systemimage endgültig wiederhergestellt. Aufgrund des Umfangs der dabei bewegten Dateien (mindestens einige GByte) wird dieser Vorgang eine Weile dauern. Sie können den PC solange aber ruhig sich selbst überlassen. Weitere Benutzereingaben sind bis zum Ende der Wiederherstellung nicht notwendig.

9 Nachdem das System vollständig wiederhergestellt wurde, ist ein Neustart fällig, den der Assistent nach einer Wartepause selbst veranlasst. Mit einem Klick auf *Jetzt neu starten* können Sie den Vorgang verkürzen. Denken Sie daran, eventuelle Änderungen in den Booteinstellungen des BIOS an dieser Stelle rückgängig zu machen, sodass der PC wieder von der Festplatte bootet. Anschließend startet die wiederhergestellte Windows-Installation ganz normal.

Systemwiederherstellung von einem Reparatur- oder Installationsdatenträger

Sollte die Beeinträchtigung Ihres PCs so nachhaltig sein, dass sich die Wiederherstellungsumgebung nicht mehr starten lässt, ist die vorangehend beschriebene Vorgehensweise nicht möglich. In diesem Fall können Sie ein Installationsmedium (DVD oder USB-Stick) bzw. einen Wiederherstellungsdatenträger verwenden.

1 Legen Sie diesen Datenträger ein und sorgen Sie dafür, dass der Rechner von diesem bootet. Je nach Rechner müssen Sie dazu die Bootreihenfolge im BIOS verändern oder aber einfach während des Startvorgangs eine Taste drücken.

2 Beim Start von einem Installationsmedium wird zunächst wie bei einer Neuinstallation ein Fenster zur Sprachauswahl angezeigt. Übernehmen Sie die meist korrekten Standardeinstellungen oder passen Sie diese ggf. an. Klicken Sie dann unten rechts auf *Weiter*.

3 Wichtig: Anstelle von *Jetzt installieren* klicken Sie im nächsten Schritt unten links auf *Computerreparaturoptionen*.

4 Sie gelangen so zu dem in der vorangehenden Anleitung beschriebenen Schritt 3 und können ab da so wie dort geschildert verfahren.

Windows mit dem eingebauten Reset auffrischen

Wenn nichts mehr geht, ist das Auffrischen von Windows eine sinnvolle Option. Sofern kein Hardwaredefekt vorliegt, garantiert sie im Prinzip ein lauffähiges System, denn Windows wird dadurch quasi auf Werkseinstellungen zurückgesetzt. Das bedeutet allerdings nicht zwangsläufig Auslieferungszustand, sondern den Zustand nach der Installation des letzten Windows-Feature-Updates. Das Auffrischen wird auf Seite 91 ausführlich beschrieben. Sie können aber auch ein nicht mehr startendes Windows auffrischen und so retten. Halten Sie dazu am besten einen aktuellen Installationsdatenträger bereit, da dieser ggf. benötigt wird.

1 Wählen Sie in den erweiterten Starteinstellungen *Weitere Optionen auswählen*, dann *Problembehandlung* und schließlich *Diesen PC zurücksetzen*.

2 Im anschließenden Schritt entscheiden Sie sich für die Variante *Eigene Daten beibehalten*, damit Ihre persönlichen Daten das Auffrischen überleben.

3 Der Auffrischungsassistent informiert Sie noch mal kurz über die Details. Starten Sie den Vorgang dann mit *Zurücksetzen*.

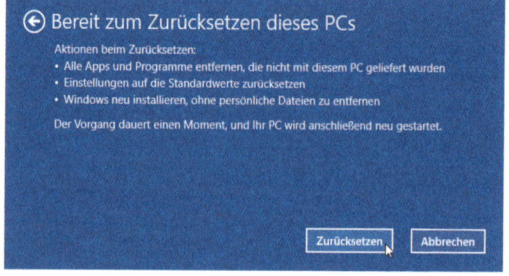

4 Windows startet daraufhin neu und führt das Auffrischen der Installation durch. Dies sollte üblicherweise nur einige wenige Minuten in Anspruch nehmen. Neustarts sind in dieser Phase nichts Beunruhigendes. Überlassen Sie den PC einfach sich selbst.

Nach dem letzten Neustart wird der PC im nun aufgefrischten Zustand gestartet und grundeingestellt. Anschließend steht Ihnen das zurückgesetzte Windows zur Verfügung.

In den Bibliotheken finden Sie Ihre Dokumente und Dateien genau wie vor dem Auffrischen wieder. Apps und Anwendungen aber müssen Sie anschließend neu installieren.

Daten aus einer beschädigten Windows-Installation sichern

Sollten alle Versuche scheitern, eine nicht mehr startende Windows-Installation ohne Datenverluste zu reparieren, besteht immer die Möglichkeit, wichtige gespeicherte Dateien zu retten, bevor Sie beispielsweise ein früheres Systemabbild wiederherstellen. Sie benötigen dafür eine zusätzliche Festplatte. Ist keine zweite intakte Platte in den PC eingebaut, schließen Sie eine externe USB-Festplatte (oder ggf. einen ausreichend großen USB-Stick) an.

Die notwendigen Schritte nehmen Sie in der Eingabekonsole der Wiederherstellungsumgebung vor. Lässt diese sich noch über die erweiterten Startoptionen der defekten Windows-Installation auswählen, können Sie diesen Weg gehen und sich dann mit Ihrem Benutzerkonto anmelden.

Ansonsten starten Sie den PC, wie in den vorangehenden Anleitungen beschrieben, von einem Wiederherstellungsdatenträger und hangeln sich durch die erweiterten Startoptionen, bis Sie zur Eingabeaufforderung gelangen (*Weitere Optionen auswählen/Problembehandlung/Erweiterte Optionen/Eingabeaufforderung*).

1 Um festzustellen, welche Laufwerkbuchstaben zu verwenden sind, geben Sie `diskpart` gefolgt von `list volume` ein. An der Ausgabe können Sie ablesen, welchen Buchstaben das Windows-Laufwerk hat und welchen das externe Sicherungslaufwerk.

   Das folgende Beispiel geht davon aus, dass Windows auf *D:* installiert ist und ein externes USB-Laufwerk mit dem Buchstaben *E:* bereitsteht. Passen Sie diese Buchstaben bei den weiteren Schritten jeweils an. Verlassen Sie das diskpart-Programm mit *exit*.

2 Wechseln Sie dann auf das Windows-Laufwerk:

   `d:`

3 Wechseln Sie dort in Ihren Benutzerordner:

```
cd d:\Users\<Benutzername>
```

Sollte es hinsichtlich des Ordnernamens Unklarheiten geben, listen Sie so alle Benutzerordner auf:

```
dir d:\Users
```

4 Listen Sie dann den Inhalt des Benutzerordners auf. Hier dürften insbesondere Ordner wie *Documents* (Dokumente), *Pictures* (Bilder) oder *Desktop* von Interesse sein.

```
dir
```

5 Um einen dieser Ordner mitsamt Unterverzeichnissen und Dateien zu sichern, verwenden Sie das in Windows enthaltene Befehlszeilenprogramm *xcopy*:

```
xcopy Documents e:\Sicherung /E /C /G /H /I
```

Auf diese Weise können Sie auch die Ordner anderer Benutzer bzw. ganz andere Bereiche der Festplatte sichern. Es empfiehlt sich allerdings, dabei möglichst selektiv vorzugehen. Prinzipiell kann man auch die komplette Festplatte mit `xcopy d:\*.*` etc. sichern. Eine typische Windows-Installation mit Nutzerdaten umfasst aber viele GByte. Deshalb benötigt man dafür nicht nur eine große Festplatte, sondern insbesondere bei einem externen USB-Laufwerk sehr viel Zeit.

Ein vergessenes Windows-Kennwort zurücksetzen

Ein Startproblem der etwas anderen Art kann sein, dass das Passwort für die Windows-Anmeldung etwa bei einem länger nicht mehr genutzten Rechner nicht mehr bekannt ist. Solange es noch einen anderen Benutzer mit Administratorrechten gibt, kann der das Passwort zurücksetzen. Wenn das vergessene Konto aber das einzige ist, wird es etwas komplizierter. Es gibt verschiedene Methoden, die folgende kommt ohne zusätzliche Software aus. Sie benötigen dafür nur ein bootfähiges Windows-Image auf DVD oder USB.

1 Starten Sie den PC vom Windows-Image und beginnen Sie die Installation mit *Jetzt installieren* (keine Angst, es wird nicht wirklich etwas installiert).

2 Drücken Sie nun die Tastenkombination ⇧+F10. Damit öffnen Sie eine Eingabeaufforderung.

3 Starten Sie hier mit dem Befehl `regedit` den Registrierungseditor.

4 Wählen Sie darin den Schlüssel *HKEY_LOCAL_MACHINE* aus und klicken Sie dann auf *Datei/Struktur laden*.

5 Navigieren Sie im *Öffnen*-Dialog zum Windows-Laufwerk, dort zum Pfad *\Windows \System32 \config* und in diesem Ordner zur Datei *Software*.

6 Nun möchte der Registrierungseditor wissen, wohin er die Struktur laden soll. Geben Sie hier einen beliebigen Namen an, den Sie sich nur merken sollten, beispielsweise *passwort*.

7 Navigieren Sie nun im Registrierungseditor zum Schlüssel *HKEY_LOCAL_MACHINE \passwort \Microsoft \Windows NT \CurrentVersion \Image File Execution Options*. Verwenden Sie dabei anstelle von *passwort* ggf. den von Ihnen in Schritt 6 gewählten Namen.

8 Legen Sie in diesem Schlüssel auf der rechten Seite mit *Bearbeiten/Neu/Schlüssel* einen neuen Unterschlüssel namens *utilman.exe* an.

9 Darin legen Sie wiederum mit *Bearbeiten/Neu/Zeichenfolge* eine Zeichenfolge namens *debugger* an. Öffnen Sie diese zum Bearbeiten und geben Sie ihr den Wert *cmd.exe*.

10 Wählen Sie nun im Registrierungseditor den Schlüssel *HKEY_LOCAL_MACHINE\passwort* (ggf. durch die von Ihnen gewählte Bezeichnung ersetzt) aus und klicken Sie auf *Datei/Struktur entfernen*.

11 Starten Sie nun den PC neu, wobei Sie wieder regulär booten und nicht vom Windows-Image. Wenn der Anmeldebildschirm angezeigt wird, drücken Sie ⊞+Ⓤ.

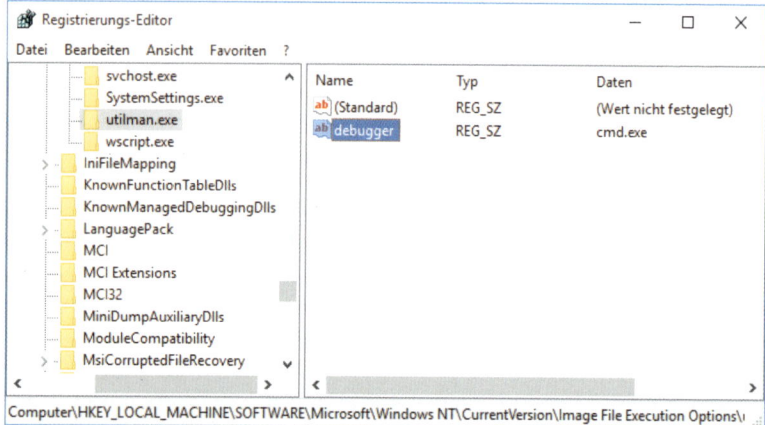

12 Dadurch erhalten Sie auf dem Anmeldebildschirm eine Eingabeaufforderung mit Administratorrechten. Tippen Sie hier den folgenden Befehl ein, wobei Sie *<Kontoname>* durch den Namen des Benutzers mit dem vergessenen Passwort ersetzen:

```
net user <Kontoname> *
```

13 Geben Sie dann ein neues Passwort an (zweimal). Damit können Sie sich ab sofort bei diesem Benutzerkonto anmelden.

Sicherheitslücke wieder schließen

Der hier verwendete Trick reißt eine Sicherheitslücke in Ihren PC, die theoretisch jeder nutzen kann, der physischen Zugang zum Rechner hat. Deshalb sollten Sie diese Lücke nach erfolgreichem Passwortwechsel umgehend wieder schließen. Öffnen Sie nach der Anmeldung wiederum den Registrierungseditor (einfach `regedit` im Suchfeld des Startmenüs eintippen), navigieren Sie zum Schlüssel *HKEY_LOCAL_MACHINE \SOFTWARE \Microsoft \Windows NT \CurrentVersion \Image File Execution Options \utilman.exe* und löschen Sie diesen Schlüssel mitsamt Inhalt wieder.

5. Bremsen beim Windows-Start aufspüren

Eine Erfahrung, die wohl jeder Windows-Anwender irgendwann einmal machen wird: Wie aus heiterem Himmel dauert der Windows-Start plötzlich dreimal so lange. Handelt es sich nur um ein isoliertes Ereignis, besteht nicht immer gleich Handlungsbedarf. Möglicherweise wurde einfach nur ein größeres Update installiert. Tritt dieser Zustand aber regelmäßig oder dauerhaft ein, verleidet er einem schnell jeden Umgang mit dem PC.

Hardware als Bremsklötze ausschließen

Ein Hinweis vorneweg: Ein langsamer PC kann auch durch Hardware verursacht werden. Infrage kommen dabei alle Komponenten, die gekühlt werden müssen, weil zu hohe Temperaturen schnell zu einem Defekt führen würden. Solche Elemente verfügen meist über Temperatursensoren und eine Schutzschaltung: Übersteigen die gemessenen Werte bestimmte Grenzen, wird der Takt automatisch heruntergesetzt. Das reduziert die elektrische Leistung und damit auch die Temperatur. Sinkt diese dann wieder in den grünen Bereich, taktet das System wieder hoch. Arbeitet die Kühlung also nicht effizient genug, kann es immer wieder zum zeitweisen Absenken des Takts kommen. Das wirkt sich unmittelbar auf die Arbeitsgeschwindigkeit des PCs aus. Sinkt diese also immer wieder zeitweise ab – insbesondere wenn der PC schon ein Weilchen läuft –, sollten Sie die Effektivität der Kühlung überprüfen. Einige Möglichkeiten, dies per Software zu kontrollieren, sind in Kapitel 11 zur Hardware beschrieben. Wie Sie den PC öffnen, säubern und die Lüfter auf Gängigkeit überprüfen, lesen Sie auf Seite 19.

Auffällige Autostarts suchen

Bei jedem Windows-Start werden neben dem System selbst eine ganze Reihe von Diensten und Hintergrundanwendungen aktiviert. Das kostet Zeit und verlängert den Startvorgang. Wenn Ihnen Windows zu langsam startet, sollten Sie deshalb zunächst überprüfen, was alles mitgestartet wird und ob das alles wirklich nötig und in Ihrem Sinne ist. Der Task-Manager ermöglicht es Ihnen, den Autostart von Programmen gezielt zu überwachen und so die wesentlichen Bremsen für eine kurze Startzeit zu ermitteln.

1 Öffnen Sie dazu den Task-Manager (beispielsweise per Rechtsklick auf die Taskleiste und dann *Task-Manager*).

2 Schalten Sie im Task-Manager ggf. zunächst unten links *Mehr Details* ein und wechseln Sie in die Kategorie *Autostart*. Hier werden alle Programme aufgelistet, die während des Windows-Starts automatisch aktiviert werden.

3 Besonders interessant dabei ist die Spalte *Startauswirkungen*. Hier nimmt Windows eine Schätzung vor, wie stark sich das jeweilige Programm auf das Startverhalten auswirkt. Besonders bei Programmen mit dem Vermerk *Hoch* lohnt es sich zu überlegen, ob diese wirklich jedes Mal aktiviert werden müssen.

4 Um die Autostartfunktion eines Programms vorübergehend zu deaktivieren, wählen Sie es in der Liste aus und klicken unten rechts auf *Deaktivieren*.

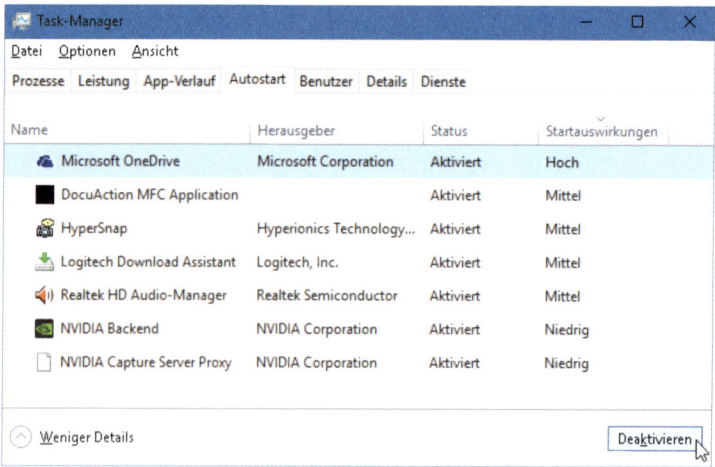

5 Wenn Sie mit der rechten Maustaste auf einen Eintrag klicken, finden Sie weitere Funktionen, etwa die Eigenschaften der Datei aufzurufen oder den Hintergrund dieses Programms im Web zu recherchieren.

Alle Autostarts im Detail überprüfen

Der Task-Manager zeigt Ihnen allerdings nur einen Teil der Wahrheit – und zwar nur einen sehr kleinen. Tatsächlich passiert bei jedem Windows-Start noch wesentlich mehr.

Was das im Detail ist, verrät Ihnen das Programm *Autoruns*. Es listet nach kurzer Analyse wirklich alles auf, was während des Starts geladen wird. Ausgenommen sind standardmäßig Komponenten von Windows selbst, aber auch diese können Sie durch Entfernen des Häkchens bei *Options/Hide Windows Entries* mit anzeigen lassen.

Die Gefahr, von der Menge der Informationen erschlagen zu werden, ist erst mal recht groß. Aber die Liste lässt sich strukturieren, indem Sie oben in der Leiste einzelne Bereiche wie etwas Services (Hintergrunddienste), Explorer oder Codes anwählen und die Liste so filtern. Achten Sie in der Liste auf alle Fälle auf gelb unterlegte Einträge. Diese verweisen auf Elemente, die nicht

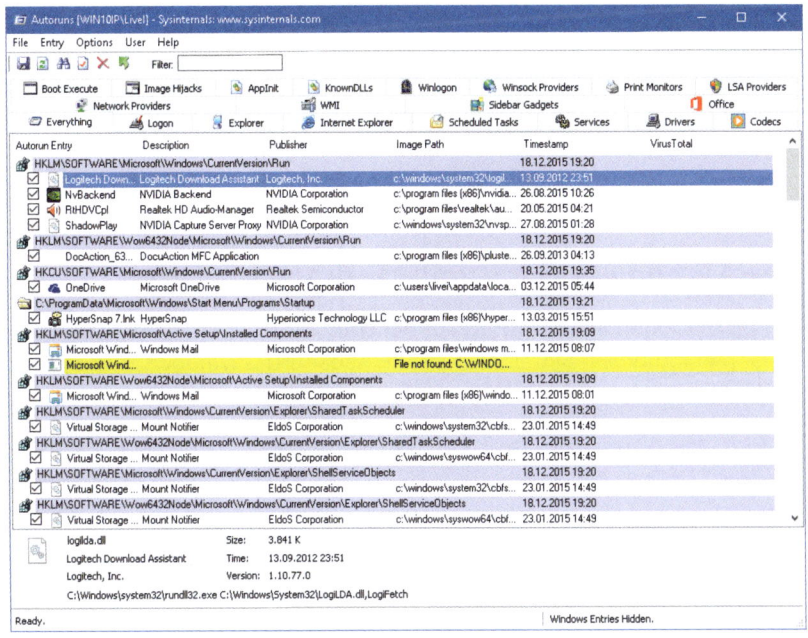

mehr gefunden werden. Nur in seltenen Fällen ist das ein Problem, aber wenn es sehr viele solcher Zombie-Einträge gibt, kann sich das in der Startzeit durchaus bemerkbar machen.

Vorsicht bei Eingriffen

Wie alle Sysinternals-Tools zeigt *Autoruns* nicht nur sehr umfangreich und detailliert Informationen an, sondern erlaubt auch weitgehende Eingriffe ohne zwischengeschaltete Warnhinweise und Rückfragen.

Überlegen Sie deshalb gut, welche Einträge Sie bearbeiten oder gar entfernen. Wenn sich Einträge einer bestimmten Anwendung zuordnen lassen, ist es sinnvoller, diese Anwendung zu deinstallieren bzw. in ihren Einstellungen zu prüfen, ob sich Autostartfunktionen abschalten lassen.

Ansonsten sollten Sie die Liste in Ruhe durchschauen und nach Einträgen suchen, die Ihnen überflüssig erscheinen. Vielleicht stöbern Sie so Reste von Anwendungen auf, die Sie eigentlich längst deaktiviert haben.

Oder Sie werden auf Programme aufmerksam, die sich im Startprozess breitgemacht haben, obwohl Sie sie gar nicht mehr unbedingt benötigen, also deinstallieren könnten. Auch die Rubrik *Codec* ist ein Kandidat, bei dem man oft einiges wegräumen kann, was nicht mehr benötigt wird.

Den Windows-Start vollständig analysieren

Um hartnäckigen Startbremsen auf die Spur zu kommen, muss man leider etwas mehr Aufwand betreiben. Hilfreich ist dabei das Windows Performance Toolkit, das Microsoft kostenlos zur Verfügung stellt.

Es kann – unter anderem – den Startvorgang von Windows bis ins letzte Detail erfassen und protokollieren. Dabei fallen zwar eine Menge Daten an, aber mit etwas Geschick kann man die entscheidenden Informationen herausfiltern.

Das Windows Performance Toolkit

Um das Windows Performance Toolkit zu installieren, laden Sie zunächst von dev.windows.com/en-us/downloads/windows-10-sdk den Setup-Assistenten herunter. Starten Sie ihn und wählen Sie *Install the Windows Software Development Kit … to this computer.* Bestätigen Sie die nächsten Schritte, bis Sie zur Auswahl der zu installierenden Features gelangen. Lassen Sie hier nur das Häkchen bei *Windows Performance Toolkit* stehen – alle anderen können Sie entfernen, um Downloadzeit und Speicherplatz zu sparen.

Alle Kenndaten des Windows-Starts erfassen

Ist das Windows Performance Toolkit installiert, verwenden Sie den Windows Performance Recorder (*wprui.exe*) zum Aufzeichnen der Daten.

1 Um ihn zu starten, geben Sie im Windows-Startmenü *wprui* ein und drücken dann ⏎.

2 Nach dem Start des Programms lassen Sie zunächst mit *More options* unten links alle Einstellungen anzeigen.

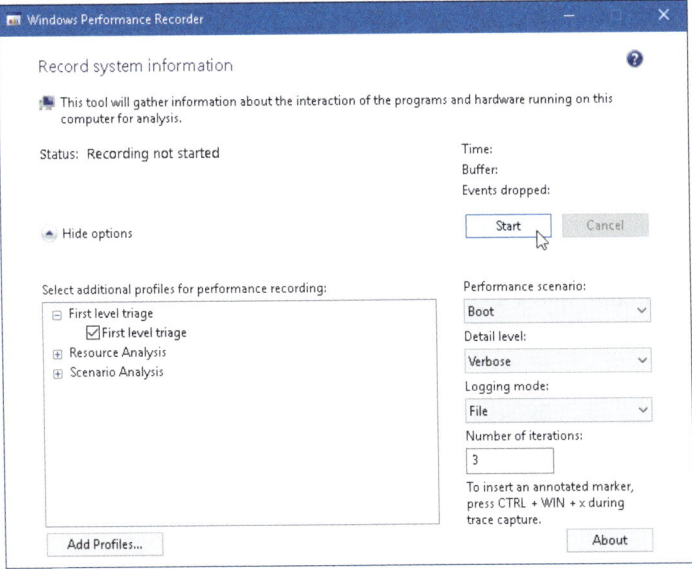

3   Klicken Sie dann oben auf *Start*.

4   Im nächsten Schritt können Sie angeben, wo die zu erstellende Protokolldatei gespeichert werden soll. Standardmäßig legt der Recorder dafür einen eigenen Ordner in Ihren Dokumenten an. Sie können die Datei aber für einen schnellen Zugriff beispielsweise auch direkt auf dem Desktop speichern lassen.

5   Bevor Sie den Vorgang nun mit *OK* starten, lesen Sie sich bitte den nachfolgenden Abschnitt zum weiteren Ablauf durch.

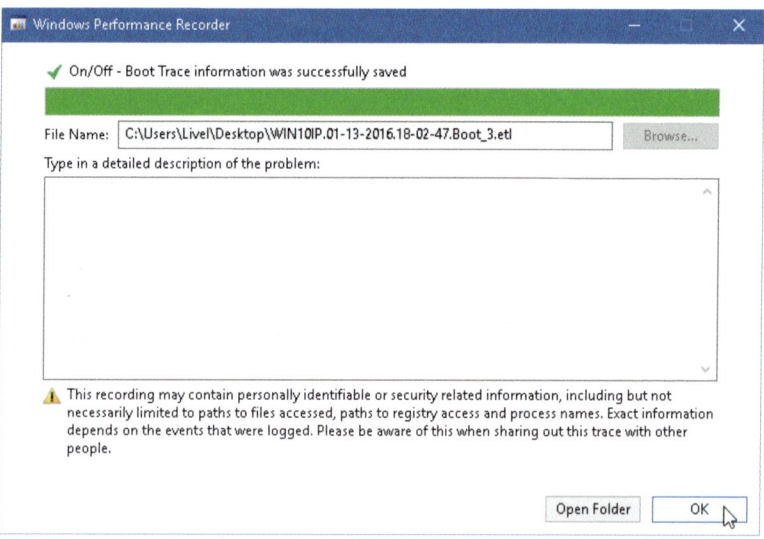

Ist die Aufzeichnung einmal aktiviert, wird der Recorder Windows herunterfahren und dann neu starten. Die dabei anfallenden Daten werden erfasst und aufbereitet. Lassen Sie den PC solange ungestört arbeiten.

Haben Sie mehr als einen Startdurchgang zur Datenerhebung vorgegeben, wird der Recorder den ganzen Vorgang mehrmals automatisch wiederholen. Greifen Sie möglichst nicht ein, sondern warten Sie, bis der Recorder abschließend Vollzug meldet. Sie haben dann die Möglichkeit, die erfassten Daten direkt im Analyzer zu betrachten (siehe nachfolgender Abschnitt).

Aufgezeichnete Kennzahlen analysieren

Für das Auswerten der zuvor ermittelten Daten ist das ebenfalls zum Windows Performance Toolkit gehörende Programm Windows Performance Analyzer (*wpa.exe*) zuständig.

Zum Abschluss einer Aufzeichnung bietet Ihnen der Recorder jeweils an, die erfassten Daten direkt im Analyzer zu öffnen. Alternativ können Sie die Datei mit den gespeicherten Daten auch per Doppelklick öffnen oder den Analyzer mit dem Befehl *wpa* im Suchfeld des Startmenüs aufrufen.

Haben Sie gleich mehrere Startvorgänge nacheinander erfasst, starten Sie den Analyzer und öffnen dann alle dabei erstellten Dateien gleichzeitig.

Bootphasen zur Orientierung einblenden

Um den Bootablauf zu strukturieren und besser nachvollziehbar zu machen, klicken Sie links in der Navigationsleiste zunächst auf den kleinen Pfeil vor *System Activity*, um diesen Bereich auszuklappen.

Ziehen Sie dann den Eintrag *Boot Phases* von dort nach rechts in den Analysebereich. So haben Sie oben eine Übersicht der verschiedenen Phasen zur Orientierung, wo Verzögerungen auftreten.

Um in der Unmenge von Daten Prozesse zu finden, die ungewöhnlich viel Rechenzeit beansprucht haben, gehen Sie folgendermaßen vor:

1 Wählen Sie zunächst links in der Navigationsleiste das Thema *Computation* und klappen Sie dieses aus.

2 Ziehen Sie dann den Unterbereich *CPU Usage (Attributed)* von dort nach rechts in den Analysebereich.

3 Sie erhalten dann eine grafische Übersicht, wann welche Prozesse wie viel Prozessorkapazität beansprucht haben. Diese Darstellung ist recht anschaulich, da man größere Ressourcenverbraucher so auf einen Blick ausmachen kann.

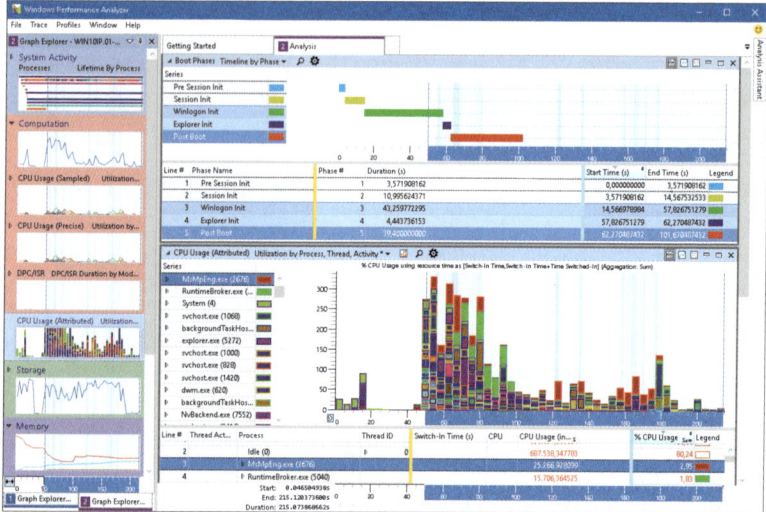

4 Wenn Sie den Mauszeiger auf einem dieser größeren Blöcke verharren lassen, werden ausführlichere Informationen zu dem Prozess angezeigt, insbesondere welcher Anwendung er zugeordnet ist. Mit ⌨Strg⌨+⌨⇧⌨+⌨C⌨ können Sie den Text der Anzeige in die Zwischenablage kopieren, etwa um den Anwendungsnamen in den Webbrowser zu übertragen und dort danach zu suchen.

5 Wenn Sie einen Block anklicken, wird er an allen anderen Stellen des Analysebereichs ebenfalls hervorgehoben. So bekommt man einen guten Überblick, wie stark sich dieser Prozess auf den gesamten Startvorgang auswirkt.

In dieser Weise können Sie weitere Aspekte wie den Speicherverbrauch oder den Festplattenzugriff während des Startvorgangs überprüfen. Angesichts der komplexen Daten wird es leider selten eine einfache und präzise Antwort geben. Stattdessen muss man die Informationen aufmerksam auswerten und interpretieren. Es ist aber in jedem Fall ein guter Ansatz, bei auffälligen Bremsklötzen den Namen des dahinterstehenden Prozesses zu recherchieren, um zu verstehen, welche Anwendungen den Startvorgang mehr verlängern als andere.

6. Windows-Fehler oder -Abstürze beheben

Kaum etwas ist frustrierender, als wenn Windows wie aus heiterem Himmel Fehler meldet, bestimmte Funktionen verweigert oder womöglich sogar komplett abstürzt. Ein Grund zur Verzweiflung ist es aber nicht, denn Windows bringt selbst verschiedene Funktionen zum Erkennen, Analysieren und Beheben von Fehlern mit.

Kern dieser Funktionen ist das umfassende Überwachen und Protokollieren aller Abläufe. Aus diesen Protokollen lassen sich regelmäßig auftretende Fehler erkennen und im Idealfall auch gleich Lösungen dafür ableiten. Und diese Daten erlauben nicht nur allgemeine Aussagen über die Stabilität und Integrität des Systems, sondern auch konkrete Angaben zu den Komponenten und/oder Programmen, die für Instabilitäten sorgen.

> **Probleme einfach per Neustart lösen**
>
> Ich habe an anderer Stelle bereits darauf hingewiesen, wiederhole es hier aber bewusst noch mal: Für gelegentlich auftretende Probleme ist manchmal ein gründlicher Neustart schon die Lösung. Vielleicht hängt nur ein bestimmter Systemdienst oder durch ein Update wurden bestimmte Komponenten vorübergehend deaktiviert.
>
> Ein Neustart lässt solche Hindernisse ganz einfach und schnell verschwinden (siehe Seite 34). Reicht das nicht, probieren Sie ruhig auch die erweiterte Form, Windows einmal im abgesicherten Modus (siehe Seite 36) und anschließend wieder regulär zu starten.

Falls der PC gar nicht mehr reagiert

In extremen Situationen kann es passieren, dass Windows gar nicht mehr reagiert und sich der PC nicht mal mehr herunterfahren lässt, egal, wie lange man wartet. Wenn dann nicht mal mehr eine Reaktion auf die Ein-/Aus-

Taste erfolgt bzw. diese den PC allenfalls in den Stand-by-Modus schickt, ist die Lösung naheliegend: Wenn es gar nicht anders geht, kann man nur noch »den Stecker ziehen«.

Das müssen Sie aber nicht unbedingt im wörtlichen Sinn nehmen. Denn oftmals ist ein Anschluss für das Netzteil gar nicht oder nur an der Rückseite vorhanden und auch das Stromkabel verschwindet irgendwo schwer zugänglich unter dem Schreibtisch.

PC über Hardwarefunktion immer ausschalten

Es gibt in solchen Fällen aber eine einfache Lösung, die bei fast jedem PC funktioniert, aber nicht allen Benutzern bekannt ist: Halten Sie den Ein-/Aus-Taster an der Vorderseite des PC-Gehäuses einige Sekunden gedrückt, bis der Rechner sich ausschaltet.

Dies ist eine direkte Hardwarefunktion des Mainboards, die von Windows nicht kontrolliert wird. Deshalb funktioniert sie auch, wenn Windows abgestürzt ist. Hält man die Taste einige Sekunden lang gedrückt, unterbricht das Mainboard seine eigene Stromversorgung.

Anschließend kann der PC einfach wieder gestartet werden. Meist bemerkt Windows sogar, dass es auf diese unsanfte Tour beendet wurde. Das ist aber durchaus positiv, denn dann werden beim Start einige zusätzliche Tests durchgeführt, die sicher nicht schaden können.

Windows kann sich bei Problemen selbst helfen

Windows kann bestehende Probleme erkennen und beheben oder zumindest konkrete Hinweise und Hilfestellungen dazu geben. Hierzu gibt es ein eigenes Modul *Problembehandlung* in der Systemsteuerung.

Aber auch an vielen anderen Stellen finden Sie Verweise auf diese Funktion, z. B. bei Fehlermeldungen. So können Sie die entsprechenden Funktionen direkt aufrufen.

1 Wenn es etwa Probleme mit der Netzwerkverbindung gibt, können Sie direkt im Kontextmenü des zuständigen Symbols im Infobereich die spezifische Problembehandlung dafür aufrufen.

2 Windows analysiert nun die bestehende bzw. gestörte Verbindung und versucht, das Problem zu erkennen.

3 Wurde eine Ursache gefunden, die Windows selbst beheben kann, bietet es Ihnen an, die Reparatur mit Administratorrechten vorzunehmen. Klicken Sie dazu auf *Diese Reparaturen als Administrator ausführen*.

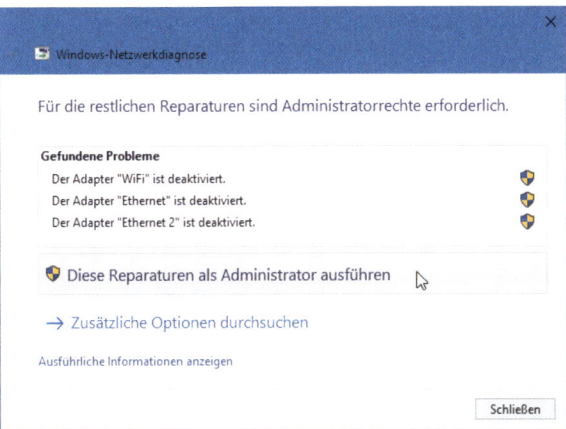

4 Manchmal erkennt die Problembehandlung auch einfache äußere Ursachen wie ein nicht ordnungsgemäß eingestecktes Kabel. Dann bittet sie den Benutzer um Mithilfe bei der Lösung. Im Allgemeinen führt der Assistent die erforderlichen Schritte aber selbst durch und meldet anschließend, ob das Problem behoben werden konnte. Beenden Sie den Vorgang dann mit *Problembehandlung schließen*.

Problembehandlung nach Bedarf durchführen

Sie können die *Problembehandlung* auch jederzeit selbst anstoßen, auch wenn Windows gerade nicht mittels Schaltfläche, Menüeintrag oder Link darauf hinweist. Öffnen Sie dazu in der Systemsteuerung das gleichnamige Modul.

- Achten Sie hier zunächst ganz oben auf eventuell farblich hervorgehobene Warnmeldungen zu aktuellen Problemen. Diese werden aber nur angezeigt, wenn Windows sie automatisch erkennen konnte. Sie können dann in der Regel auch direkt dort behoben werden.

- Erkennt Windows Ihr Problem nicht automatisch, können Sie die angezeigten Aufgabenkategorien nutzen, um Ihr Problem möglichst genau einzukreisen. Jede Kategorie enthält ihrerseits weitere Unterrubriken, die letztlich alle Funktionsbereiche des PCs umfassen.

- Haben Sie einen möglichst passenden Problemlösungsassistenten gefunden, rufen Sie ihn einfach per Mausklick auf. Ab dann ist der Ablauf in etwa so wie bei der vorangehend beschriebenen Problemlösung. Allerdings unterscheidet sich jede Lösung immer ein wenig von der anderen.

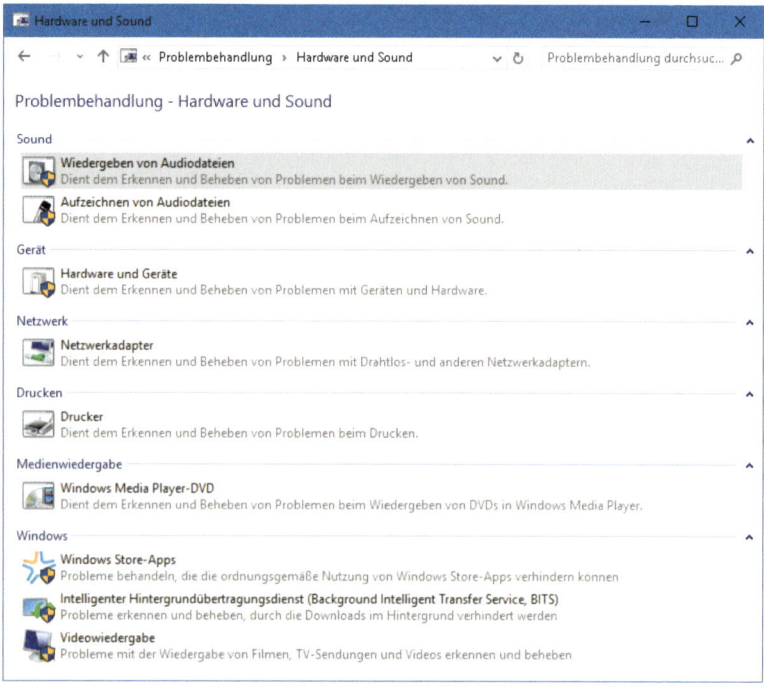

Der Systemintegritätsbericht verschafft den Überblick

Im Systemintegritätsbericht fasst Windows alle Informationen zu Leistung, Stabilität und Fehlern Ihres PCs übersichtlich zusammen. Das ist hilfreich, wenn der Status des PCs unklar ist oder wenn Sie sich schnell einen Überblick verschaffen wollen.

Ebenso kann der Bericht nützlich sein, wenn Sie bei speziellen Problemen externe Hilfe benötigen. Erstellen Sie einen aktuellen Systemintegritätsbericht und senden Sie diesen z. B. per E-Mail an den Kundendienst oder technischen Support des Herstellers, mit dessen Produkt es Probleme gibt. Dieser findet im Bericht alle wesentlichen Informationen zu Ihrem PC.

1 Öffnen Sie eine Eingabeaufforderung und tippen Sie darin ein:

```
perfmon /report
```

2 Windows erfasst nun für 60 Sekunden alle relevanten Daten und Informationen und stellt daraus einen umfassenden Bericht zusammen. Lassen Sie den PC in dieser Phase möglichst unbehelligt vor sich hin arbeiten. Anschließend wird der fertige Bericht automatisch angezeigt.

3 Im Bericht finden Sie oben im Bereich *Diagnoseergebnisse* zunächst die interessantesten Details. Hier sind Fehler, Warnungen und Informationen aufgeführt, die die Stabilität und Performance des Systems gefährden bzw. beeinträchtigen. Praktischerweise werden dabei meistens auch gleich Vorschläge zur Lösung des Problems gemacht, an denen Sie sich orientieren können.

4 Unterhalb davon sehen Sie Angaben und Prüfergebnisse zu den einzelnen Systemkomponenten und Ressourcen. Achten Sie hier auf rote Warnsymbole und Angaben wie *Fehlgeschlagen* oder *Fehler*, um weitere Problembereiche zu erkennen.

5 Ganz unten folgen schließlich Detailinformationen zu einzelnen Systemkomponenten. Diese sind allerdings so speziell und technisch, dass sie meist nur dem Experten auf Anhieb etwas sagen.

Um die Ergebnisse des Berichts aufzubewahren bzw. an jemanden weiterzuleiten, stehen Ihnen im Datei-Menü verschiedene Funktionen zur Verfügung. So können Sie den Inhalt mit *Senden an* per E-Mail verschicken, mit *Speichern unter* als HTML-Datei sichern oder auch mit *Drucken* auf Papier ausgeben.

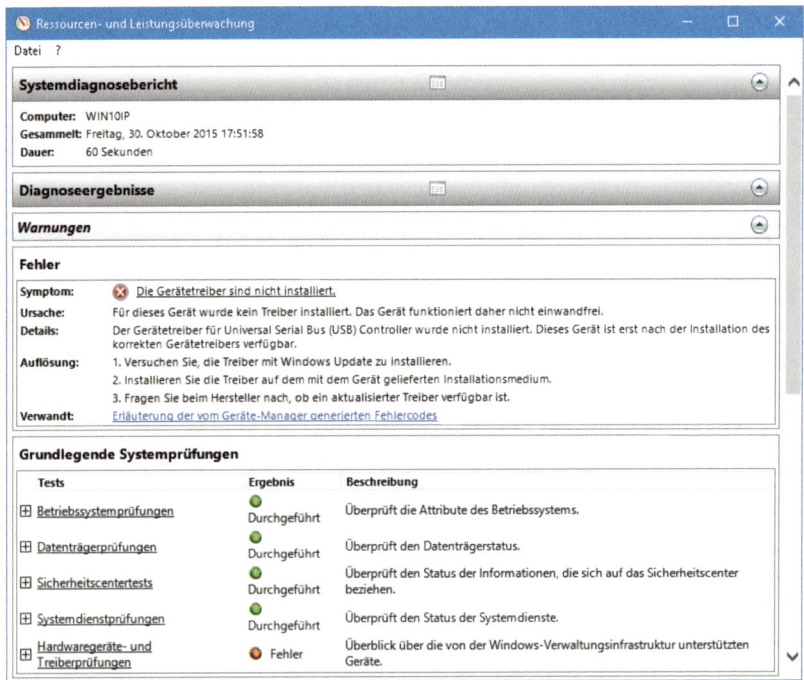

Der Zuverlässigkeitsverlauf macht Probleme deutlich

Zum Aufspüren von Problemen und deren Ursache bietet Windows eine sehr praktische Hilfe: Die Zuverlässigkeitsüberwachung protokolliert die Systemperformance dauerhaft und vermerkt alle ungewöhnlichen Ereignisse. Die aufgezeichneten Daten lassen sich in einem Systemstabilitätsdiagramm anschaulich darstellen.

Dieses eignet sich besonders, Problemen schnell auf die Schliche zu kommen. Außerdem ist es ein gutes Mittel, Muster bei regelmäßig auftretenden Fehlern zu erkennen.

1 Öffnen Sie eine Eingabeaufforderung und tippen Sie darin ein:

```
perfmon /rel
```

2 Damit rufen Sie den Zuverlässigkeits- und Problemverlauf Ihres PCs auf. Der zeigt im oberen Bereich einen grafischen Stabilitätsindex an. Der verrät auf den ersten Blick, wie konstant die Stabilität ist und ob es in letzter Zeit Probleme gegeben hat.

3 Der Bereich darunter enthält mehrere Zeilen für verschiedene Arten von Systemereignissen. In diesen Zeilen finden Sie Symbole an den Terminen, an denen sich Nennenswertes ereignet hat. Das können einfache Informationssymbole sein, etwa wenn Software installiert wurde. Es gibt aber auch gelbe Warnhinweise und rote Fehlersymbole. Sie weisen auf Ereignisse hin, die näher betrachtet werden sollten.

Die gesamte Stabilitätshistorie betrachten

Beachten Sie die schlanken Symbole links und rechts neben dem Diagramm. Hiermit können Sie die Anzeige nach links verschieben und so auch ältere Daten betrachten und abrufen. Die Daten werden seit dem allerersten Start Ihres Windows aufgezeichnet. So lassen sich auch weiter zurückliegende Informationen abrufen. Außerdem können Sie so die Angaben in den verschiedenen Bereichen mit dem früheren Status vergleichen.

---

4 Um ein Ereignis detailliert zu betrachten, klicken Sie mit der linken Maustaste einfach auf das entsprechende Datum im Systemstabilitätsdiagramm. Unterhalb des Diagramms sehen Sie dann die Zuverlässigkeitsdetails für diesen Tag. Darin sind automatisch die Bereiche aufgeklappt, für die Ereignisse vorliegen.

5 Mit dem kleinen Pfeilsymbol ganz rechts können Sie die Bereiche auf- bzw. einklappen, um sich auf die für Sie wichtigen Informationen zu konzentrieren.

Informationen aus dem Zuverlässigkeitsbericht auswerten

Die Angaben aus dem Systemstabilitätsbericht sind immer dann interessant, wenn Sie selbst nicht wissen oder sich nicht sicher sind, wodurch ein Problem verursacht wird.

Wenn also Ihr PC beispielsweise unvermittelt einfriert oder neu startet, kann ein anschließender Blick in den Stabilitätsbericht helfen, die Ursache zu ermitteln. Der Stabilitätsbericht ist auch nützlich, wenn Sie Störenfriede finden wollen, etwa instabile Programme oder Treiber.

Schauen Sie, ob eine bestimmte Komponente regelmäßig im Bericht negativ auffällt. Sehr interessant ist auch, dass der Bericht genau vermerkt, welche Software wann installiert wurde. Ein bestimmtes Problem tritt seit zwei Wochen immer wieder auf? Dann schauen Sie doch mal, welches Programm vor 14 Tagen installiert wurde.

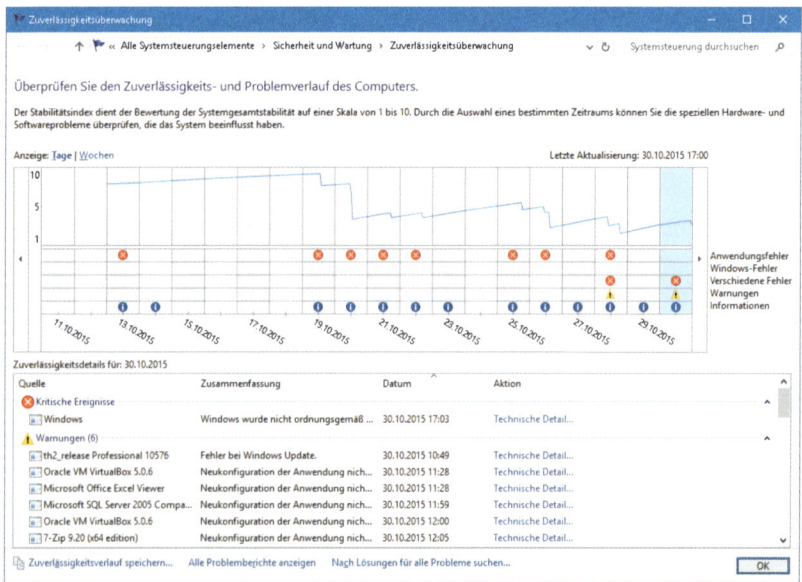

Die Windows-Ereignisprotokolle zeichnen Fehler auf

Windows führt automatisch ein umfangreiches Protokoll über alles, was mit dem System passiert: wann das Betriebssystem gestartet und beendet wird, wann Software installiert, Treiber aktualisiert oder System-Updates eingespielt wurden.

Diese Informationen können Ihnen nicht nur als Gedächtnisstütze dienen. Vor allem, wenn es darum geht, die Ursache für ein bestimmtes Problem einzugrenzen, können die Angaben aus dem Ereignisprotokoll hilfreich sein.

1 Öffnen Sie in der Systemsteuerung das Modul *Verwaltung*. In der aufgabenbasierten Ansicht der Systemsteuerung finden Sie es unter *System und Sicherheit* ganz unten.

2 In der Übersicht über die Verwaltungsfunktionen doppelklicken Sie auf den Eintrag *Ereignisanzeige*. Bestätigen Sie die Rückfrage der Benutzerkontensteuerung bezüglich der Microsoft Management Console mit *Fortsetzen*.

3 Damit öffnen Sie die Ereignisanzeige, die auf den ersten Blick etwas unübersichtlich daherkommt. Die wesentlichen Informationen lassen sich aber schnell finden.

4 Wenden Sie Ihren Blick zunächst etwa in die Mitte des Fensters in den Bereich *Zusammenfassung der administrativen Ereignisse*. Hier sehen Sie, welche Arten von Ereignissen (*Kritisch*, *Fehler*, *Warnung* etc.) in den letzten Stunden, Tagen oder Wochen überhaupt aufgetreten sind.

5 Mit einem Klick auf das Plussymbol ganz links können Sie die jeweilige Kategorie aufklappen und die dort verzeichneten Ereignisse genauer studieren. Klicken Sie ggf. doppelt auf den Eintrag, um die Detailansicht aufzurufen.

6 Mit der Leiste am linken Fensterrand können Sie verschiedene Ereignisprotokolle öffnen. So finden Sie unter *Windows-Protokolle* Informationen zu Themen wie Sicherheit und System. Unter *Anwendungs- und Dienstprotokolle* sind Ereignisse rund um Anwendungen und die verschiedenen Windows-Dienste versammelt. Hier finden Sie aber auch Hardwareereignisse.

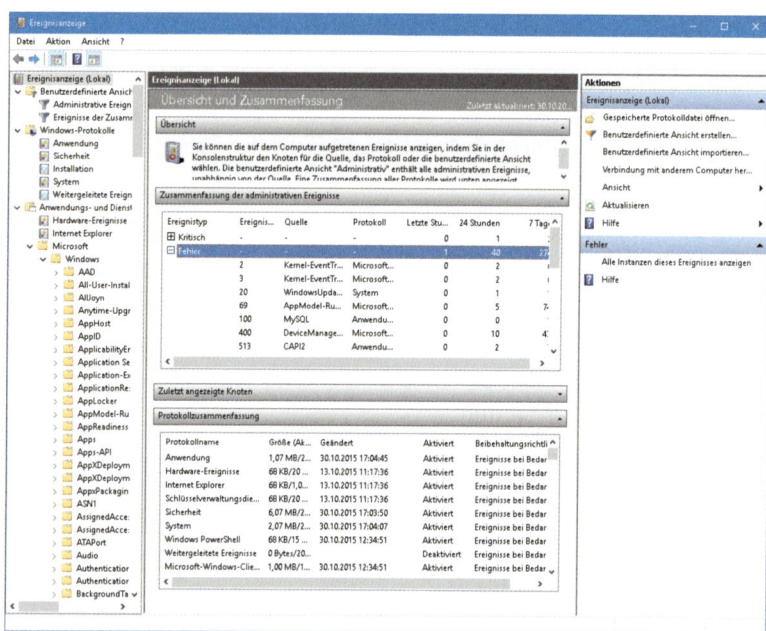

7 Sehr interessant ist zudem der Unterordner *Anwendungs- und Dienstproto-kolle/Microsoft/Windows*. Hier finden Sie eine große Auswahl von Protokollen zu verschiedenen wichtigen Windows-Funktionen, deren detaillierte Besprechung den Rahmen sprengen würde. Wenn Sie aber z. B. Probleme mit einer älteren Anwendung haben, die nicht voll kompatibel ist, sollten Sie mal einen Blick in *UAC-FileVirtualization/Betriebsbereit* werfen. Hier finden Sie alle Ereignisse, bei denen Windows Dateizugriffe virtualisieren musste, weil eine Anwendung sich nicht an die Regeln halten wollte.

Aus Fehlerinformationen die richtigen Schlüsse ziehen

Wenn Sie mit den Informationen aus den Fehlerdetails erst mal nichts anfangen können, ist das kein Grund zur Beunruhigung. Selbst Profis wissen nur in seltenen Fällen sofort, wo Windows gerade der Schuh drückt. Aber wenn Sie eine Suchmaschine wie Google mit den Angaben zu Fehlercode, Ereignis-ID und Quelle füttern, finden Sie mit ein wenig Glück schnell weiterführende Informationen und optimalerweise auch konkrete Schritte zur Behebung des zugrunde liegenden Problems. Sollte in der Trefferliste eine Seite der Microsoft Knowledge Base enthalten sein, steuern Sie diese am besten an, da sie erfahrungsgemäß oft kompetente Problembeschreibungen und -lösungen sozusagen aus offizieller Quelle bietet.

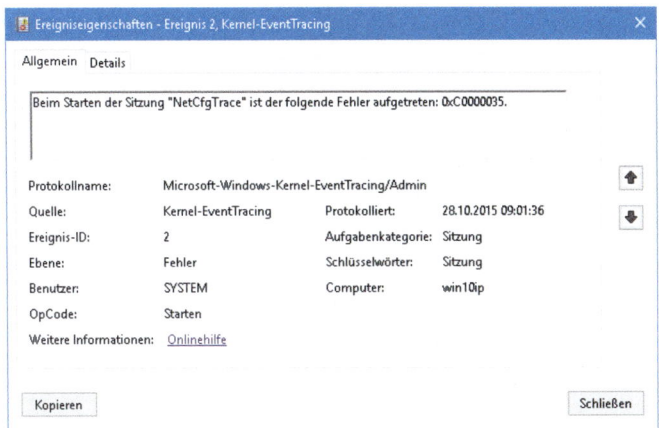

Die Verursacher von Bluescreen-Fehlern ermitteln

Bei früheren Windows-Versionen noch häufige Begleiter, sollen sie beim aktuellen Windows eigentlich nicht mehr auftreten: kritische Systemfehler, bei denen sich das Betriebssystem nicht anders als mit einem plötzlichen kompletten Stopp behelfen kann. Häufig färbt sich der Bildschirm

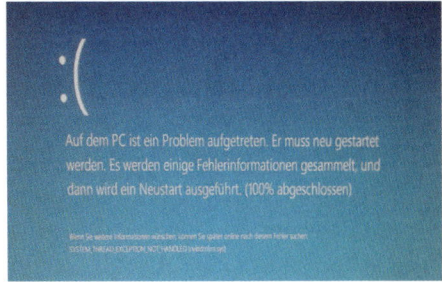

in dieser Situation blau ein und gibt nur noch eine Textfehlermeldung aus. Deshalb hat sich für solche Fehler auch die Bezeichnung Bluescreen oder, noch schlimmer, BSOD, Bluescreen of Death (blauer Todesbildschirm), eingebürgert.

Tatsächlich sind solche kritischen Fehler bei Windows 10 meiner Erfahrung nach extrem selten geworden. Aber sie kommen noch immer vor. Handelt es sich um seltene, singuläre Ereignisse, kann man notfalls damit leben. Werden Sie aber von einem solchen Fehler dauerhaft geplagt, muss Abhilfe geschaffen werden. Das ist auch möglich, denn selbst ein blauer Bildschirm ist nicht das Ende aller (Windows-)Dinge.

Die Informationen von Bluescreen-Fehlern nutzen

Auch wenn ein Bluescreen mit einer Fehlermeldung zunächst mal keine schöne Erfahrung ist, kann er doch auch hilfreich sein. Der Sinn der Fehlermeldung ist es schließlich, eine Hilfestellung zum Lösen des zugrunde liegenden Problems zu geben.

Voraussetzung dafür ist aber, dass Sie die Fehlermeldung überhaupt zu Gesicht bekommen. Standardmäßig versucht Windows nämlich, diese vor dem Benutzer zu verstecken. Das führt dazu, dass das System einfach scheinbar unmotiviert neu startet.

1 Öffnen Sie in der Systemsteuerung das Modul *System* und klicken Sie hier links auf den Link *Erweiterte Systemeinstellungen*.

2 Bestätigen Sie ggf. die Rückfrage der Benutzerkontensteuerung für den Zugriff auf diese Einstellungen.

3 Klicken Sie im anschließenden Dialog unten im Bereich *Starten und Wiederherstellen* auf die Schaltfläche *Einstellungen*.

4 Deaktivieren Sie im dadurch geöffneten Dialog die Option *Automatisch Neustart durchführen*.

5 Mit dem oberen Auswahlfeld bei *Debuginformationen speichern* steuern Sie den Umfang der Daten, die Windows bei einem Crash erstellt. Das ist vor allem wichtig, wenn Sie diese Daten mit einem Programm auswerten möchten, das ein bestimmtes Format voraussetzt (siehe im Folgenden).

6 Darunter im Feld *Sicherungsdatei* können Sie festlegen, wo Windows eine Datei mit zusätzlichen Informationen zu aufgetretenen Fehlern ablegen soll.

Standardmäßig geschieht dies im Systemverzeichnis, also z. B. *C:\Windows*. Sie können aber auch einen anderen, vielleicht etwas übersichtlicheren Ordner dafür wählen.

7 Mit der Option *Vorhandene Dateien überschreiben* ersetzt Windows bei einem Fehler jeweils die bisher vorhandene Datei, was sinnvoll ist, um nicht unnötig Speicherplatz für nutzlose Dateien zu verschwenden. Außerdem ist so sichergestellt, dass sich in der Datei stets Informationen zum zuletzt aufgetretenen Fehler befinden.

Wichtig: Wenn Sie diese Option abschalten und regelmäßig Systemcrashes zu verzeichnen haben, sollten Sie die Abbilder unbedingt immer mal wieder manuell bereinigen. Gerade wenn Sie die Option *Vollständiges Speicherabbild* gewählt haben, ist die Festplatte sonst irgendwann randvoll.

8 Die unterste Option *Automatisches Löschen von Speicherabbildern deaktivieren, wenn wenig Speicherplatz verfügbar ist* klingt im ersten Moment widersinnig, hat aber ihre Berechtigung. Standardmäßig ist das Löschen von Speicherabbildern eine der Maßnahmen, mit denen Windows im Bedarfsfall Speicherplatz freimachen kann. Will man die Speicherabbilder unbedingt davor bewahren, kann man diesen Mechanismus hier außer Kraft setzen.

Fehlermeldungen auswerten

Wenn nun Meldungen bei Systemfehlern auf dem Bildschirm angezeigt werden, enthalten sie als wichtigste Informationen die Art des Fehlers, wie beispielsweise *DRIVER_IRQL_NOT_LESS_OR_EQUAL*. Dies verrät Ihnen, was für eine Art von Fehler aufgetreten ist, und gibt dadurch Hinweise zur Ursache. Was die verschiedenen Fehlermeldungen genau bedeuten, erfahren Sie weiter unten im Abschnitt »Bluescreen-Fehler-Referenz«. Für weitergehende Informationen beispielsweise zur auslösenden Datei müssen Sie die erfassten Daten mit zusätzlicher Software auswerten.

Bluescreen-Verursacher identifizieren

Die entscheidende Frage bei einem Bluescreen ist die nach dem Verursacher. Hier hilft BlueScreenView weiter (www.nirsoft.net/utils/blue_screen_view. html). Dieses Programm kann die von Windows bei einem Bluescreen-Fehler erstellten Daten auswerten und verrät sie Ihnen übersichtlich. Dazu gehört auch das Programm, das den Fehler anscheinend verursacht hat.

Voraussetzung für BlueScreenView

Das Programm ist für seine Arbeit auf sogenannte Minidumps angewiesen. Diese erstellt Windows standardmäßig leider nicht. Öffnen Sie dazu in der Systemsteuerung das Modul *System* und klicken Sie dort links auf *Erweiterte Systemeinstellungen*.

Im anschließenden Dialog klicken Sie im Bereich *Starten und Wiederherstellen* auf *Einstellungen*. Nun sind Sie bei den richtigen Optionen. Stellen Sie hier im Auswahlfeld *Debuginformationen speichern* die Variante *Kleines Speicherabbild (256 KB)* ein.

Zwar ist die Wahrheit manchmal etwas komplizierter, aber auf alle Fälle bietet diese Information einen guten Ansatzpunkt, um z. B. im Internet zu recherchieren, ob dieses Problem vielleicht schon bekannt und sogar gelöst ist.

1 Entpacken Sie das heruntergeladene Archiv in einen beliebigen Ordner und starten Sie dort die Anwendung *BlueScreenView*.

2 Diese zeigt Ihnen im Hauptfenster eine Liste der auf dem PC registrierten Bluescreens. Sie reicht allerdings nur so weit zurück, wie Sie die Minidumps (siehe Hinweiskasten) aktiviert haben. Hoffentlich ist die Auswahl also nicht allzu groß. Ansonsten werden in der Spalte *Crash Time* Datum und Uhrzeit des Vorfalls angegeben. Hier können Sie auch entsprechend sortieren, sodass Sie den jüngsten Crash schnell finden können.

3 Im unteren Teil des Programmfensters finden Sie die Dateien aufgelistet, die zu dem oben ausgewählten Bluescreen-Ereignis jeweils im Speicher geladen waren. Dabei sind die Dateien, die besonders »verdächtig« sind, farbig unterlegt. Meist ist das nicht nur eine Datei, denn auch wenn ein Bluescreen-Fehler in einer bestimmten Programm- oder Treiberdatei auftritt, kann die Ursache dafür durchaus in einem anderen Programm liegen.

4 Mit *File/Properties* können Sie jeweils noch genauere Angaben zu den ausgewählten Objekten abrufen.

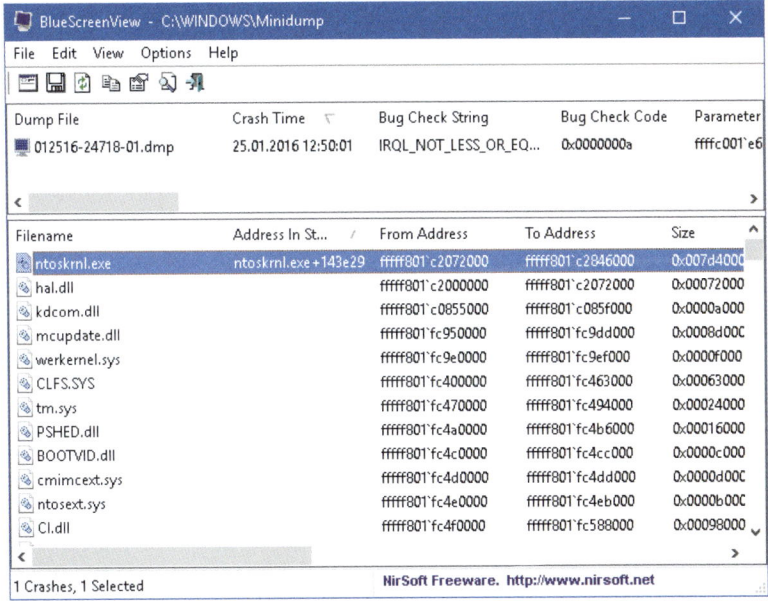

BlueScreenView kann leider auch keine einfachen Antworten geben. Es stellt aber die notwendigen Informationen bereit, um ggf. Antworten zu finden. Wenn ein Bluescreen regelmäßig oder reproduzierbar auftritt, werden Sie hier immer wieder dieselben »üblichen Verdächtigen« antreffen. Dann ist eine Internetrecherche nach eben diesen Dateien der nächste logische Schritt, der hoffentlich neue Erkenntnisse oder sogar eine Lösung bringt.

Systemfehlern auf die Schliche kommen

Ich will hier gar nicht so tun, als ob es ein Leichtes sei, Systemfehlern auf die Spur zu kommen. Meist kommen sie durch das komplexe Zusammenwirken verschiedener Faktoren zustande. Für sich genommen funktioniert jedes Programm, jeder Treiber, jede Hardwarekomponente reibungslos. Aber in einer gewissen Kombination kann unter bestimmten Bedingungen eine Situation eintreten, die zu einem Fehler führt. Diese Konstellation zu ermitteln, ist nicht immer leicht. Aber manchmal reicht es schon, einen der Störer aus dem Spiel zu nehmen, damit es insgesamt wieder rundläuft. Folgende Maßnahmen können dabei helfen:

- Werten Sie die Fehlerinformationen so weit wie möglich aus. Die als Verursacher angegebene Software muss nicht wirklich fehlerhaft und auch nicht notwendigerweise die »Schuldige« sein. Aber meist ist es doch ein guter Hinweis. Verweist diese Angabe auf eine bestimmte Software oder eine Hardwarekomponente, entfernen Sie diese. Testen Sie dann, ob das System ohne sie stabil läuft. Bei Treibersoftware kann auch ein Update auf eine neuere Version oder notfalls das Zurückkehren zu einer älteren Version hilfreich sein.

- Oftmals werden Softwarefehler in Wirklichkeit durch fehlerhafte Hardware verursacht. Unterziehen Sie Ihr System einer kritischen Prüfung. Insbesondere Festplatten und Hauptspeicher sollten mit den vorhandenen Bordmitteln gründlich analysiert werden.

- Tritt ein Fehler plötzlich vermehrt auf, stellen Sie sich die Frage: Was hat sich zuvor beim PC verändert? Haben Sie neue Hardware eingebaut, neue Software installiert, Treiber aktualisiert, Updates eingespielt oder BIOS-Einstellungen verändert? Unterziehen Sie diese Maßnahmen einer kritischen Prüfung und machen Sie sie ggf. rückgängig. So lässt sich feststellen, ob eine dieser Aktionen die Systemstabilität beeinträchtigt hat.

- Kontrollieren Sie die Einstellungen des PC-BIOS, auch wenn Sie in letzter Zeit nichts daran geändert haben. Informieren Sie sich auf der Website des Herstellers über bekannte Probleme und BIOS-Updates. Setzen Sie die BIOS-Einstellungen ggf. auf sichere Standardwerte zurück.

Bluescreen-Fehler-Referenz

Zu jeder Systemfehlermeldung gehört ganz oben eine Angabe zur Art des Fehlers. Sie hilft dabei, den Fehler zu kategorisieren, und gibt damit zumindest grob die Richtung für die Fehlersuche vor. Die folgende Liste erläutert kurz, was sich hinter den kurzen, etwas kryptischen Fehlermeldungen verbirgt:

IRQL_NOT_LESS_OR_EQUAL bzw.
DRIVER_IRQL_NOT_LESS_OR_EQUAL
Dieser Fehler wird in der Regel durch fehlerhafte Anwendungen oder Treiber verursacht. Achten Sie weiter unten in der Fehlermeldung darauf, in welcher Software der Fehler aufgetreten ist.

OUT_OF_MEMORY
Der vorhandene Arbeitsspeicher reicht nicht aus oder – und wahrscheinlicher – ein Speicherriegel ist defekt. Überprüfen Sie den Arbeitsspeicher.

KMODE_EXCEPTION_NOT_HANDLED
Das System ist auf eine unzulässige oder unbekannte Anweisung gestoßen. Dies kann auf fehlerhafte Software, aber auch auf Speicherprobleme hinweisen.

FAT_FILE_SYSTEM oder NTFS_FILE_SYSTEM
Der Fehler trat beim Zugriff auf das Dateisystem auf. Überprüfen Sie die angeschlossenen Festplatten sowohl physikalisch (Anschlüsse) als auch auf Integrität hin (ScanDisk & Co.). Auch Wechsellaufwerke (USB-Sticks etc.) können betroffen sein. Treten solche Fehler zunehmend häufiger auf, könnte dies auf ein baldiges Ende einer Festplatte hindeuten.

PAGE_FAULT_IN_NON_PAGED_AREA
Ein Hardwaretreiber oder ein Systemdienst will im Speicher auf Daten zugreifen, die sich dort nicht befinden. Ursache könnten defekter Speicher oder aber auch Programmfehler sein.

BAD_SYSTEM_CONFIG_INFO
Dieser Fehler weist auf Probleme, aber nicht unbedingt auf Defekte beim Arbeitsspeicher hin. Überprüfen Sie im BIOS die Einstellungen und setzen Sie diese ggf. zurück. Entfernen Sie eventuell eingebauten Zusatzspeicher.

INACCESSIBLE_BOOT_DEVICE

Das System kann nicht auf die Festplatte zugreifen. Dies liegt meist daran, dass ein spezieller Treiber für den Zugriff nicht (mehr) vorhanden ist. Dieser muss installiert werden. Denkbar wäre auch ein Defekt des Laufwerks.

SYSTEM_THREAD_EXCEPTION_NOT_HANDLED

Es ist eine Ausnahmebedingung aufgetreten, mit der das System nicht umgehen konnte. Hierfür gibt es leider eine Vielzahl von möglichen Ursachen: vom fehlenden Speicherplatz bis hin zu Hardwaredefekten.

UNEXPECTED_KERNEL_MODE_TRAP

Die Ursache für diesen Fehler ist meist im Hardwarebereich zu suchen, also defekter Speicher, ein defekter Prozessor o. Ä. Auch Überhitzung durch ausgefallene Lüfter kann ihn verursachen. Er tritt häufiger bei übertakteten Systemen auf.

KERNEL_MODE_EXCEPTION_NOT_HANDLED

Auch diese Fehlermeldung ist leider recht unspezifisch und kann auf eine Vielzahl von Ursachen hinweisen.

PCI_BUS_DRIVER_INTERNAL

Hier gibt es Probleme mit dem PCI-Hardwarebus. Überprüfen Sie die Konfiguration im BIOS. Haben Sie kürzlich Änderungen an den Hardwarekomponenten vorgenommen, machen Sie diese probeweise rückgängig.

BAD_POOL_CALLER

Ein Prozess oder Treiber hat einen unzulässigen Speicherzugriff versucht. In der Regel wird dieser Effekt durch Programmfehler verursacht.

THREAD_STUCK_IN_DEVICE_DRIVER

Diese Fehlermeldung weist auf Probleme mit dem Videotreiber der Grafikkarte hin. Entweder ist der Treiber fehlerhaft oder die Videokarte selbst ist defekt.

UNKNOWN_HARD_ERROR

Ein Teil der Registry kann beim Start nicht geladen werden. Dies weist auf Probleme beim Dateizugriff hin. Ein abgesicherter Start oder eine Wiederherstellung eines Systemsicherungspunktes können das Problem eventuell beheben. Allerdings sollten Festplattendefekte als Ursache ausgeschlossen werden.

CRITICAL_PROCESS_DIED
Ein wichtiger Prozess des Betriebssystemkerns wurde beendet, ohne den das Betriebssystem nicht fortgesetzt werden konnte. Hier ist es empfehlenswert, nach Name und Adresse in dieser Kombination bei Google & Co. zu suchen, um vielleicht Tipps zu Ursachen und Lösungen zu finden.

STATUS_SYSTEM_PROCESS_TERMINATED
Ein wichtiger Systemprozess wurde unterbrochen. In der Fehlermeldung wird in der Regel angegeben, welcher Prozess betroffen ist. Handelt es sich um den winlogon-Prozess, könnte die Ursache auch eine Vireninfektion sein.

UNABLE_TO_LOAD_DEVICE_DRIVER
Ein bestimmter Gerätetreiber konnte beim Start nicht geladen werden. Die Fehlermeldung gibt an, welches Gerät betroffen ist. Der Treiber kann durch einen Festplattendefekt beschädigt worden sein.

Fehler beim Arbeitsspeicher ausschließen

Eine Quelle für unvermittelte Totalabstürze sind Defekte im Arbeitsspeicher. Sie kommen heute zwar deutlich seltener vor als in früheren Jahren, aber wenn, dann haben sie fatale Folgen. Windows bringt ein Programm zum Testen des Arbeitsspeichers mit, das allerdings nicht zur Laufzeit ausgeführt werden kann. Stattdessen wird der PC neu gestartet, der Test ausgeführt, und anschließend meldet sich Windows mit dem Ergebnis zurück. Das Ganze nimmt nur wenige Minuten Zeit in Anspruch.

1 Öffnen Sie die Systemsteuerung und geben Sie oben rechts im Suchfeld *Arbeitsspeicher* ein.

2 Die Systemsteuerung bietet Ihnen daraufhin unter dem Stichwort *Verwaltung* den Menüpunkt *Arbeitsspeicher des Computers diagnostizieren* an.

3 Sie können nun wählen, ob der Test sofort ausgeführt und der PC dazu neu gestartet werden soll oder ob der Test beim nächsten regulären Neustart erledigt werden soll.

4 Der eigentliche Test wird dann im Anschluss an einen Neustart automatisch von einem Programm in der Windows-Startumgebung ausgeführt.

Eine Fortschrittsanzeige hält Sie auf dem Laufenden. Mit F1 können Sie zum erweiterten Test wechseln, der länger dauert, aber zusätzliche Prüfungen umfasst. Mit Esc können Sie den Test jederzeit beenden.

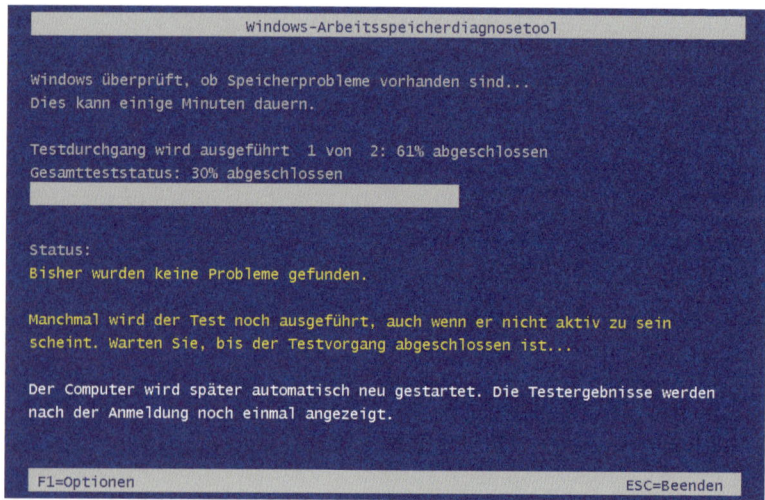

5 Nach dem Abschluss des Tests wird Windows neu gestartet. Kurz nach dem Start erhalten Sie eine Meldung, ob beim Speichertest Probleme erkannt wurden oder nicht.

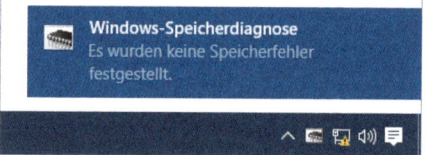

Hinweis

Auch wenn es beim Speichertest mal nicht voranzugehen scheint, warten Sie einfach ab. Insbesondere der erweiterte Test kann etwas länger dauern. Üblicherweise wird der Test aber stets so oder so mit einem Ergebnis abgeschlossen.

Systemdateien von Windows scannen und reparieren

Windows besteht aus einer riesigen Menge größerer und kleinerer Dateien. Sollte eine dieser Dateien beschädigt sein oder der Zugriff darauf verhindert werden, kann das die verschiedenartigsten Störungen und Beeinträchtigungen nach sich ziehen. Allerdings verfügt Windows über Mechanismen, mit denen man diese Systemdateien überprüfen und ggf. reparieren kann. Dieser Vorgang ist etwas komplizierter und nimmt ein wenig Zeit in Anspruch, lässt dafür aber alle anderen Bereiche wie eigene Dateien und installierte Anwendungen unangetastet.

Die Systemdatei-Überprüfung

Der erste (und oftmals auch schon einzig notwendige) Schritt ist das Überprüfen der Systemdateien. Windows bringt ein Kommandozeilenprogramm mit, das diese Aufgabe erledigt. In Kapitel 4 zu Windows-Startproblemen beschreibe ich, wie Sie dieses Werkzeug sogar einsetzen können, wenn Windows sich gar nicht mehr starten lässt. Solange das Betriebssystem noch einigermaßen läuft, ist es noch etwas einfacher zu nutzen.

1 Öffnen Sie eine Eingabeaufforderung mit Administratorrechten.

2 Tippen Sie hier ein:

```
sfc /scannow
```

> **Reparaturdienst kann nicht gestartet werden?**
>
> Sollte sich das SFC-Programm beim Ausführen beschweren, dass der Reparaturdienst nicht gestartet werden könne, dann überprüfen Sie dies: Tippen Sie im Suchfeld des Startmenüs *Dienste* ein und öffnen Sie dann mit ⏎ die gleichnamige Desktop-App. Suchen Sie in der Diensteliste den Eintrag *Windows Modules Installer* und kontrollieren Sie den *Starttyp*. Er sollte auf *Manuell* stehen, keinesfalls auf *Deaktiviert*.

3 Nun brauchen Sie nur etwas Geduld aufzubringen, während das Programm seine Arbeit erledigt. Es geht alle Windows-Systemdateien der Reihe nach durch und überprüft, ob der Zugriff darauf möglich ist und ob die Dateien intakt sind.

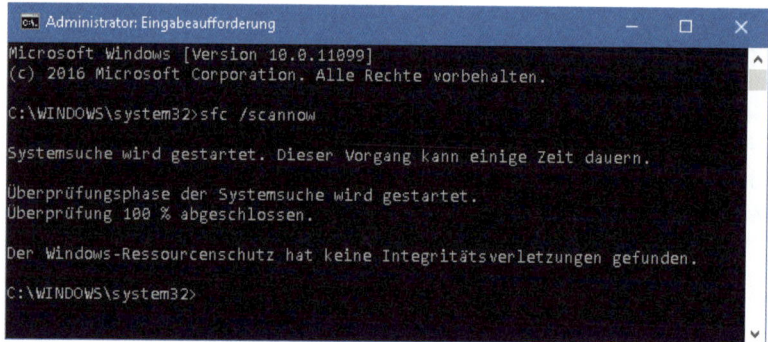

4 Dabei sind drei verschiedene Szenarien möglich:

- Das Programm findet keine Probleme. Dann können Sie davon ausgehen, dass alle Systemdateien intakt sind. Die Ursache für Störungen müssen Sie in diesem Fall woanders suchen.

- Das Programm findet Probleme mit einzelnen Dateien, kann diese aber direkt korrigieren. Dazu kann es auf eine Sicherungskopie aller Systemdateien im Windows-Komponentenspeicher zugreifen und daraus defekte Dateien durch intakte Versionen ersetzen. Das ist im Prinzip das beste Szenario, denn in diesem Fall besteht die Hoffnung, dass ein Problem durch diese Reparaturen einfach beseitigt werden kann. Tipp: Führen Sie den Befehl in diesem Fall im Anschluss erneut aus, bis das Programm keine Probleme mehr findet.

- Das Programm findet Probleme bei Systemdateien, kann diese aber nicht reparieren. In diesem Fall können Sie zunächst versuchen, den Befehl mehrmals hintereinander auszuführen, wobei Sie den PC zwischenzeitlich neu starten sollten. Können auch nach mehreren Versuchen nicht alle Fehler beseitigt werden, sind weitere Maßnahmen erforderlich, die im Folgenden beschrieben werden.

Das SFC-Programm schreibt (zusätzlich zu den Bildschirmausgaben) Einträge in die Protokolldatei *C:\Windows\Logs\CBS\CBS.log*. Darin finden sich auch Einträge aus anderen Quellen. Die sfc-Einträge sind aber mit dem Kürzel *[SR]* gekennzeichnet. Mit dem folgenden Befehl filtern Sie diese Einträge aus *CBS.log* heraus und schreiben sie in eine separate Datei *sfcprotokoll.txt* auf Ihrem Desktop:

```
findstr /c:"[SR]" %windir%\Logs\CBS\CBS.log↵
 >"%userprofile%\Desktop\sfcprotokoll.txt"
```

Den Windows-Komponentenspeicher reparieren

Wenn der Befehl `scf /scannow` meldet, dass der Ressourcenschutz beschädigte Dateien gefunden hat, diese aber nicht reparieren konnte, liegt dies möglicherweise daran, dass der Komponentenspeicher, in dem Windows Sicherungskopien seiner Systemdateien aufbewahrt, selbst beschädigt ist. In diesem Fall können Sie versuchen, den Komponentenspeicher zu überprüfen und ggf. zu reparieren.

1 Öffnen Sie eine Eingabeaufforderung mit Administratorrechten.

2 Der folgende Befehl überprüft zunächst nur, ob es Hinweise auf Probleme im Komponentenspeicher gibt, die beispielsweise bei früheren Zugriffen darauf bereits registriert und seitdem nicht repariert wurden. Dies ist einfach nur ein erster schneller Test der Integrität. Werden dabei Fehler gemeldet, sollte in jedem Fall eine Reparatur durchgeführt werden (siehe im Folgenden).

```
Dism /Online /Cleanup-Image /CheckHealth
```

3 Meldet der erste Befehl keine Fehler, bedeutet das nur, dass bislang keine Probleme verzeichnet wurden. In diesem Fall sollten Sie den folgenden Befehl hinterherschicken. Hiermit wird der Komponentenspeicher gründlich geprüft. Das nimmt einige Zeit in Anspruch (typischerweise fünf bis zehn Minuten), wobei ein längeres Verharren bei ca. 20 % Fortschritt nicht ungewöhnlich ist. Sollten Probleme festgestellt werden, wird eine Protokolldatei erstellt.

```
Dism /Online /Cleanup-Image /ScanHealth
```

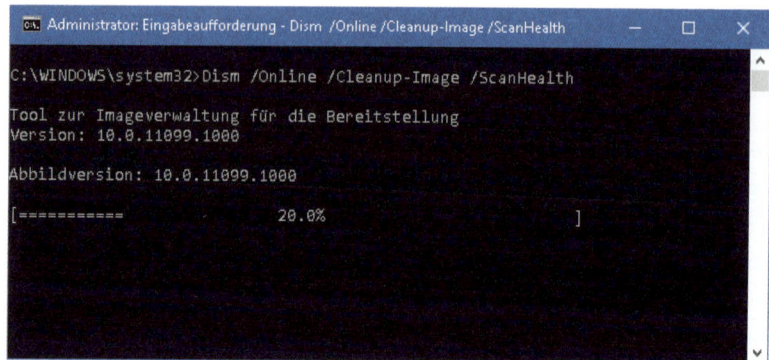

4 Wenn mit dem ersten oder zweiten Befehl Fehler im Komponentenspeicher erkannt wurden, kann Windows versuchen, diese selbst zu reparieren. Dadurch wird der Komponentenspeicher ebenfalls gründlich untersucht. Alle dabei festgestellten Probleme versucht das Programm auch gleich zu korrigieren. Die gefundenen Fehler und die Ergebnisse der Reparaturversuche werden in einer Protokolldatei festgehalten. Der Vorgang dauert typischerweise zehn bis fünfzehn Minuten, kann sich im Falle vieler Fehler aber auch einige Stunden hinziehen. Auch hier ist ein längeres Verharren bei ca. 20 % Fortschritt nicht ungewöhnlich. Geben Sie dazu den folgenden Befehl ein:

```
Dism /Online /Cleanup-Image /RestoreHealth
```

Wenn alle Fehler im Komponentenspeicher auf diese Weise beseitigt werden konnten, sollten Sie scf /scannow anschließend erneut ausführen und probieren, ob er nun alle defekten Windows-Systemdateien reparieren kann.

Den beschädigten Windows–Komponentenspeicher reparieren

Nicht immer kann Windows seinen Komponentenspeicher direkt selbst in Ordnung bringen, wenn die dafür benötigten Daten beschädigt sind oder fehlen. In einem solchen Fall können Sie auf ein Windows-Image zurückgreifen, in Form einer DVD, eines USB-Sticks oder einer ISO-Datei. Wichtig ist dabei, dass dieses Image dieselbe Versions- und Build-Nummer wie das installierte Windows haben muss. Auch der Systemtyp (32 oder 64 Bit) muss übereinstimmen. Stellen Sie sicher, dass Windows auf das Installationsmedium zugreifen kann, und ermitteln Sie den Laufwerkbuchstaben des Images. Überprüfen Sie außerdem, ob sich im Ordner *sources* des Images eine Datei *install.wim* oder eine Datei *install.esd* befindet.

Im Fall einer **install.wim** verwenden Sie den folgenden Befehl:

```
Dism /Online /Cleanup-Image /RestoreHealth↵
  /Source:wim:D:\sources\install.wim:1 /limitaccess
```

Das Beispiel verwendet das Laufwerk *D:* für das Image. Fügen Sie hier ggf. den Laufwerkbuchstaben Ihres Images ein. Die Option `/limitaccess` sorgt dafür, dass das Image während des Vorgangs nicht durch Onlineupdates aktualisiert wird.

Im Fall einer **install.esd** verwenden Sie den folgenden Befehl:

```
Dism /Online /Cleanup-Image /RestoreHealth↵
  /Source:esd:F:\Sources\Install.esd:1 /limitaccess
```

Das Beispiel verwendet das Laufwerk `F:` für das Image. Fügen Sie hier ggf. den Laufwerkbuchstaben Ihres Images ein.

Beide Varianten reparieren den Komponentenspeicher und übernehmen dafür intakte Versionen von beschädigten Komponenten aus dem spezifizierten Image. Gelingt das Reparieren des Komponentenspeichers auf diese Weise, sollten Sie im Anschluss erneut den Befehl `scf /scannow` ausführen und sehen, ob nun alle defekten Windows-Systemdateien repariert werden können.

Windows reparieren, ohne Daten oder Einstellungen zu verlieren

Wenn sich ein Windows-Problem auch durch Reparieren von Systemdateien nicht beheben lässt bzw. wenn diese Reparaturen scheitern, muss Windows insgesamt zurückgesetzt werden. Dazu gibt es verschiedene Möglichkeiten, die im Folgenden beschrieben werden. Die meisten davon haben aber Nebenwirkungen, die auch vor persönlichen Dateien, Einstellungen und/

oder installierten Anwendungen und Apps keinen Halt machen. Eine Möglichkeit ohne diesen Nachteil ist ein In-Place-Upgrade von Windows. Dabei führen Sie im Grunde genommen ein Upgrade des vorhandenen Windows aus, ersetzen es dabei aber durch die Version, die bereits installiert ist. Der Vorteil dabei: Persönliche Dateien bleiben ebenso erhalten wie viele Einstellungen und alle installierten Anwendungen und Apps. Es wird praktisch nur das Windows-System selbst ausgetauscht und durch Originale ersetzt, die eigentlich keine Beschädigungen aufweisen können. Voraussetzung dafür ist, dass Sie einen Installationsdatenträger haben, der exakt dem installierten Windows entspricht, also bei Edition, Versionsnummer einschließlich Build-Nummer und dem Sprachtyp (32 oder 64 Bit) genau übereinstimmt.

1 Stellen Sie den Installationsdatenträger im Dateisystem zur Verfügung, entweder als DVD, als USB-Stick oder als ins Dateisystem eingehängtes ISO-Image (rechte Maustaste auf die ISO-Datei und im Kontextmenü *Bereitstellen* wählen).

2 Navigieren Sie dann mit dem Windows-Explorer zum Image und führen Sie dort im Stammverzeichnis die Datei *setup.exe* aus.

3 Durchlaufen Sie den anschließenden Setup-Assistenten bis zum Schritt *Bereit für die Installation.*

4 Stellen Sie sicher, dass hier die Option *Windows-Einstellungen, persönliche Dateien und Apps behalten* ausgewählt ist. Andernfalls klicken Sie auf *Ändern der zu behaltenden Elemente* und passen die Einstellungen entsprechend an.

5 Setzen Sie dann die Upgrade-Installation fort.

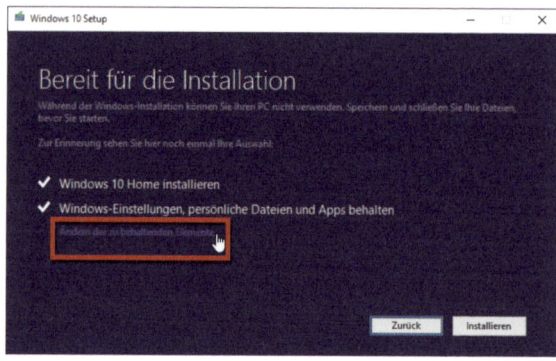

Nach dem Abschluss melden Sie sich mit Ihrem Benutzerkonto an. Wie üblich müssen Sie die Express-Einstellungen bei der ersten Anmeldung nach einer Installation vornehmen. Davon abgesehen sollten Sie anschließend ein (nun hoffentlich wieder reibungslos laufendes) Windows mit den vertrauten Dateien, Anwendungen und Einstellungen vorfinden.

Einen früheren intakten Systemzustand wiederherstellen

Lässt sich Windows nicht mit einer der zuvor beschriebenen Methoden wieder auf die Beine stellen, gibt es eine relativ einfache Methode (mit einem kleinen Haken). Wenn Sie wie auf Seite 147 beschrieben die Systemwiederherstellung konfiguriert haben, sollte diese Ihnen einen oder mehrere Wiederherstellungspunkte anbieten, an denen Ihr Betriebssystem noch rundlief. Durch das Zurückkehren zu einem dieser Punkte können Sie die aktuellen Probleme meist schnell und einfach beseitigen.

Der Preis dafür ist, dass alle Konfigurationsänderungen, die Sie seitdem vorgenommen haben, mit dem Wiederherstellen des vorherigen Zustands verschwinden. Das gilt auch für Anwendungen, die seitdem installiert wurden. Der Inhalt Ihrer persönlichen Dateien allerdings ist davon nicht betroffen und bleibt unangetastet auf dem letzten Stand.

1 Öffnen Sie in der Systemsteuerung das Modul *Wiederherstellung*.

2 Klicken Sie dort auf *Systemwiederherstellung öffnen*. Damit starten Sie einen Assistenten, der Sie durch die notwendigen Schritte und Auswahlen begleitet. Bestätigen Sie die Begrüßung mit *Weiter*.

3 Der Assistent schlägt Ihnen dann automatisch den zuletzt erstellten Systemwiederherstellungspunkt vor. Klicken Sie dazu einfach unten rechts auf *Weiter*.

4 Mit der Option *Weitere Wiederherstellungspunkte anzeigen* listet der Assistent Ihnen weitere Wiederherstellungspunkte der jüngeren Vergangenheit auf. Wählen Sie hier ggf. einen besser geeigneten aus. Klicken Sie dann unten auf *Weiter*.

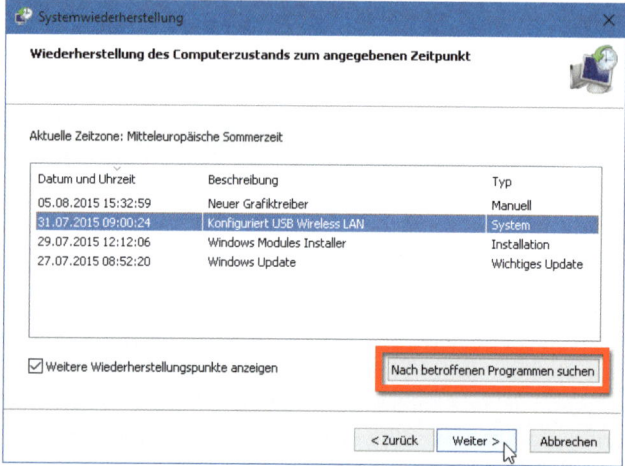

5 Der Assistent zeigt dann eine Zusammenfassung des ausgewählten Wiederherstellungspunktes an und bittet Sie um Bestätigung. Klicken Sie dazu einfach unten auf *Fertig stellen*.

6 Bestätigen Sie auch den anschließenden Warnhinweis bezüglich des folgenden Vorgangs mit *Ja*.

7 Der Assistent bereitet dann die Systemwiederherstellung vor. Dazu kopiert er die erforderlichen Dateien und setzt die veränderten Systemeinstellungen zurück.

Worauf wirkt sich die Wiederherstellung aus?

Wenn Sie seit dem wiederherzustellenden Speicherpunkt Anwendungen installiert haben, sind diese durch die Wiederherstellung möglicherweise betroffen.

Das gilt auch für Updates von schon länger vorhandenen Programmen, was aber weniger tragisch ist, da die eingebauten Update-Funktionen das ggf. wieder in Ordnung bringen. Sie können mit der Schaltfläche *Nach betroffenen Programmen suchen* in Erfahrung bringen, welche Anwendungen oder Treiber von einer Wiederherstellung betroffen wären.

---

8 Anschließend wird Windows heruntergefahren und für die eigentliche Wiederherstellung neu gestartet. Dies ist erforderlich, damit die Systemeinstellungen und -dateien beim Hochfahren aktualisiert werden können.

Nach dem Neustart befindet sich Ihr Windows-System wieder in demselben Zustand wie beim Anlegen des Wiederherstellungspunktes.

Windows per Auffrischen oder Zurücksetzen reparieren

Zum Beheben grundsätzlicher Probleme und zum Bekämpfen des allmählichen »Alterungsprozesses« einer Windows-Installation hat Microsoft das Zurücksetzen des Betriebssystems entwickelt. Dabei gibt es zwei Varianten:

- Die **Auffrischen**-Funktion installiert das Betriebssystem neu, bewahrt dabei aber die persönlichen Daten der Anwender. Einstellungen werden auf die Standardwerte zurückgesetzt. Windows selbst ist anschließend also wieder wie neu und eventuelle Probleme oder Fehlkonfigurationen sind effektiv beseitigt. Die persönlichen Dateien sind noch vorhanden, aber ansonsten bleibt noch einiges einzustellen und zu installieren, bis man wieder auf dem alten Stand ist.

- Mit der **Zurücksetzen**-Funktion hingegen lässt sich der PC quasi in den Auslieferungszustand versetzen. Diese Variante empfiehlt sich aber eigentlich nur, wenn man den PC beispielsweise verkaufen, zur Reparatur einreichen oder sonst wie in fremde Hände abgeben möchte.

Auffrischen – was bleibt erhalten, was geht verloren?

Die Auffrischen-Funktion bewahrt grundsätzlich nur die Dateien des Benutzers. Sämtliche installierten Anwendungen einschließlich Apps aus dem Windows Store werden entfernt.

Alle Optionen werden auf die Standardeinstellungen zurückgesetzt. Es steht also nach dem Auffrischen etwas Arbeit an, damit wirklich alles wieder so läuft und aussieht wie vorher.

> Andererseits vermindert sich dieser Aufwand enorm, wenn Sie ein Microsoft-Konto verwenden. Dabei werden viele Einstellungen mit der Cloud abgeglichen und stehen auch nach dem Auffrischen schnell wieder zur Verfügung. Ähnlich sieht es bei Touch-Apps aus dem Windows Store aus. Anwendungen für den klassischen Desktop hingegen müssen nach wie vor nach dem Auffrischen neu installiert werden.

Wenn Sie ein Auffrischen durchführen, halten Sie – falls vorhanden – den Installationsdatenträger bereit, da dieser ggf. benötigt wird.

1 Um ein Auffrischen durchzuführen, öffnen Sie in den *Einstellungen* den Bereich *Update und Sicherheit/Wiederherstellung*. Klicken Sie dort bei *Diesen PC zurücksetzen* auf *Los geht's*.

2 Wählen Sie nun die obere Option *Eigene Dateien beibehalten*, damit Ihre persönlichen Daten das Auffrischen überleben.

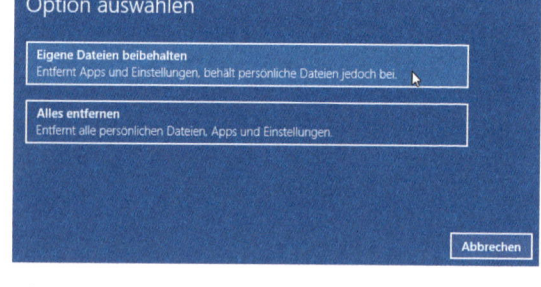

3 Der Auffrischungsassistent informiert Sie noch mal kurz über die Details. Starten Sie den Vorgang dann mit *Zurücksetzen*.

4 Windows startet neu und führt das Auffrischen der Installation durch. Dies sollte üblicherweise nur wenige Minuten Zeit in Anspruch nehmen. Neustarts sind in der Phase nichts Beunruhigendes. Überlassen Sie den PC einfach sich selbst.

5 Nach dem letzten Neustart wird der PC im nun aufgefrischten Zustand gestartet und grundeingestellt.

Anschließend steht Ihnen das zurückgesetzte Windows zur Verfügung. In den Bibliotheken finden Sie Ihre Dokumente und Dateien genau wie vor dem Auffrischen wieder.

Ein gespeichertes Systemabbild wiedereinspielen

In Kapitel 11 zum Thema »Vorsorge« empfehle ich, regelmäßig ein Systemabbild mindestens Ihres Windows-Laufwerks zur erstellen. Dies ist auch die letzte Versicherung, falls sich schwerwiegende Windows-Probleme nicht mit einer der anderen hier beschriebenen Methoden in den Griff bekommen lassen.

Der Vorteil: Durch das Einspielen eines solchen Abbilds versetzen Sie den kompletten PC in den Zustand, in dem das Abbild erstellt wurde. Lief der Rechner zu diesem Zeitpunkt noch rund, wird er das nach dem Wiederherstellen erneut tun (es sei denn, es liegt letztlich doch an einem Hardwareproblem).

Der Nachteil: Sie drehen die Zeit an Ihrem PC auf den Moment des Abbild-Erstellens zurück. Alles, was Sie seitdem getan haben, ist erst mal verschwunden. Auch Ihre persönlichen Dateien befinden sich wieder in dem Zustand wie beim Anlegen des Abbilds. Dateien, die erst danach entstanden sind, finden Sie gar nicht wieder. Sie sollten also unbedingt eine aktuelle Sicherung aller wichtigen Dokumente, Bilder, Videos etc. in der Hinterhand haben, sofern Sie diese nicht aus anderen Quellen wiederbeschaffen können.

Sollten Sie zu diesem Schritt greifen wollen, können Sie dazu die Beschreibung auf Seite 47 nutzen.

7. Performance-Probleme von Windows beheben

Wenn Windows im laufenden Betrieb immer wieder spürbare Denkpausen einlegt, ist der Task-Manager die erste Anlaufstelle. Er zeigt im Detail, welche Anwendungen und Prozesse gerade aktiv sind, sowie welche und wie viele Ressourcen sie belegen. Zum schnellen Start des Task-Managers in jeder Situation gibt es verschiedene Möglichkeiten:

- Wenn Sie ein einprägsames Tastenkürzel bevorzugen, gewöhnen Sie sich an ⌷Strg⌷+⌷⇧⌷+⌷Esc⌷.

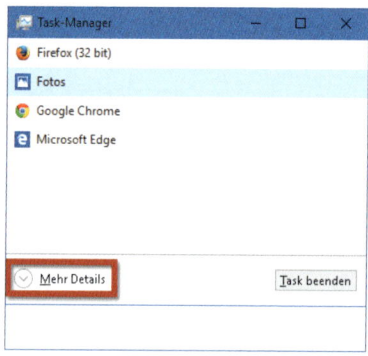

- Mit einem Rechtsklick auf einen freien Bereich der Startleiste können Sie *Task-Manager* im Kontextmenü auswählen.

- Tippen Sie im Startmenü *task* ein. Dann können Sie oben den Eintrag *Task-Manager* direkt auswählen und mit ⌷⏎⌷ starten.

Egal, welche Variante Sie wählen, der Task-Manager präsentiert sich beim allerersten Start zunächst in seiner minimalistischen Variante, in der er einfach nur die laufenden Apps anzeigt, wobei Desktop- und Touch-Apps gleichberechtigt behandelt werden. Hier können Sie nur eine der Apps auswählen, beispielsweise wenn sie nicht mehr auf Eingaben reagiert, und mit der Schaltfläche unten rechts den dazugehörenden *Task beenden*.

Um alle Funktionen des Task-Managers nutzen zu können, klicken Sie am besten direkt nach dem (ersten) Start einmal unten links auf *Mehr Details*, damit der Task-Manager sich Ihnen in seiner vollen Pracht erschließt! Das Programm merkt sich diese Einstellung und startet ab dann immer in der Detailansicht, solange Sie dies nicht wieder ändern.

Den freien Platz auf der Festplatte prüfen

Angesichts der heute üblichen Festplattengrößen und -preise scheint der Hinweis beinahe nostalgisch: Wenn der PC auf einmal scheinbar grundlos langsamer wird oder Windows andere sonderbare Macken zeigt, prüfen Sie einfach mal den freien Speicherplatz auf dem Systemlaufwerk (auf dem Windows installiert ist). Damit Windows alle seine Aufgaben ungehindert erledigen kann, sollten immer 10 %, besser noch 20 % des Speicherplatzes frei sein.

Gerade die mittlerweile immer beliebteren SSDs sind teilweise knapp bemessen und laufen schnell voll, wenn man den Speicherplatz nicht im Blick behält. Ist der Speicher tatsächlich knapp, verschafft Ihnen die Datenträgerbereinigung (in den Eigenschaften des Laufwerks in der Rubrik *Allgemein* auf *Bereinigen* klicken) meist schnell etwas Luft.

Prozesse als Systembremsen identifizieren

Die Kategorie *Prozesse* des Task-Managers fasst alle derzeit aktiven Anwendungen und Apps, Hintergrundprozesse sowie Systemdienste übersichtlich zusammen und ermöglicht dadurch ein ausgewogenes Bild davon, wo genau die großen Verbraucher von Rechenzeit, Arbeitsspeicher und Festplattenzugriffen sitzen. Die farbige Hervorhebung macht auf einen Blick deutlich, welche Prozesse man sich näher anschauen sollte. Zusätzlich kann man die Anzeige der Daten flexibel nach den eigenen Bedürfnissen gestalten.

In der Prozesse-Kategorie finden Sie zu jedem laufenden Prozess neben dem Status standardmäßig vier Angaben, die seinen Ressourcenverbrauch beschreiben:

- *CPU* – die Rechenzeit des Prozessors.
- *Arbeitsspeicher* – die Menge an Arbeitsspeicher.
- *Datenträger* – die Menge an Transferkapazität der Festplatte(n).
- *Netzwerk* – die Menge an Transferkapazität der Netzwerkverbindung.

Datenträger misst die Transfer-, nicht die Speicherkapazität

Wichtig zu beachten ist, dass der Wert bei *Datenträger* nichts mit der Speicherplatzbelegung auf der Festplatte zu tun hat. Es geht vielmehr um die Transferkapazität von der Festplatte in den Arbeitsspeicher, die ebenso ein bremsender Flaschenhals sein kann wie der Prozessor selbst. Ein hoher Wert bei *Datenträger* besagt also, dass dieser Prozess eine große Anzahl an Festplattenzugriffen verursacht, nicht aber notwendigerweise besonders viel Festplattenspeicher belegt.

Maßgeblich für zähes Ansprechverhalten des PCs ist in den meisten Fällen die Auslastung des Prozessors. Die Werte hierfür werden in der Spalte *CPU* grundsätzlich als Prozentangaben angezeigt. Bei anderen Spalten entscheiden Sie, ob Sie relative oder absolute Werte bevorzugen:

1 Klicken Sie mit der rechten Maustaste irgendwo auf die Prozessliste und wählen Sie im Menü *Ressourcenwerte*.

2 Im Untermenü wählen Sie die Ressource aus, für die Sie die Angabe der Werte verändern möchten.

3 Wählen Sie dann mit *Prozent* relative oder eben absolute *Werte* aus, je nachdem, was Sie für informativer halten.

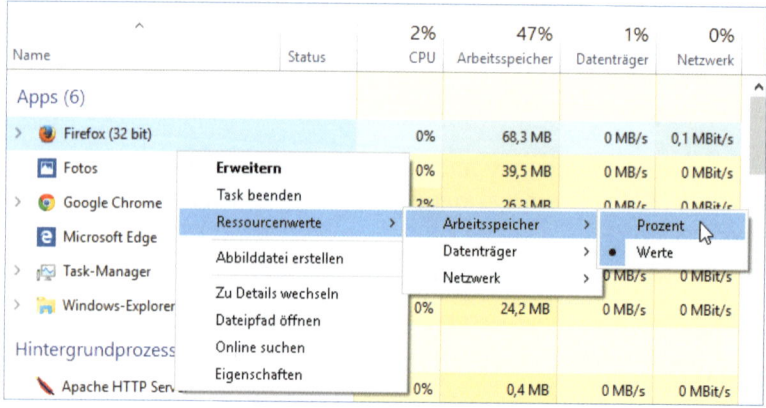

In der Prozessliste wichtige Daten sichtbar machen

Neben den fünf Standardspalten können Sie bei Bedarf weitere Informationen in der Prozesstabelle sichtbar machen und sich so Ihren ganz individuellen Task-Manager zusammenstellen.

1 Klicken Sie dazu mit der rechten Maustaste auf die Tabellenzeile mit den Spaltenüberschriften.

2 Im Kontextmenü finden Sie nun weitere Informationen wie *Typ*, *Herausgeber*, *Prozessname* und *Befehlszeile*. Um eine entsprechende Spalte hinzuzufügen, klicken Sie den Eintrag an und setzen so ein Häkchen davor.

3 Um eine der vorhandenen Spalten auszublenden, entfernen Sie das Häkchen einfach.

4 Um die Reihenfolge der Spalten zu verändern, klicken Sie eine Spaltenüberschrift an und ziehen sie mit gedrückter Maustaste an die gewünschte Position. Die anderen Spalten gruppieren sich dann automatisch passend um.

Genau wie bei der Detailansicht im Windows-Explorer können Sie die Liste der Prozesse nach Bedarf sortieren. Möchten Sie z. B. wissen, welcher Prozess im Moment die meiste Rechenzeit beansprucht, verwenden Sie die Spalte *CPU* als Sortierkriterium.

Dann finden Sie ganz oben in der Liste den aktuell größten Prozessornutzer. Um die Sortierung zu steuern, klicken Sie auf die Überschrift der Spalte, die als Sortierkriterium verwendet werden soll. Der erste Klick sortiert von groß nach klein, ein weiterer kehrt die Reihenfolge um.

Die Gruppierung der Prozesse wiederherstellen

Wenn Sie die Sortierung der Prozesse verändern, geht die standardmäßige Gruppierung in Anwendungen, Hintergrundprozesse und Systemdienste verloren. Wollen Sie diese an sich sehr hilfreiche Aufteilung wiederherstellen, wählen Sie die Menüfunktion *Ansicht/Nach Typ gruppieren*.

Den Prozess zu einer bestimmten Anwendung ermitteln

Ein Anwendungsname alleine ist nicht immer hilfreich. Sie können aber zu jedem laufenden Task den konkreten Prozess ermitteln, der die exakte Bezeichnung der ausgeführten Programmdatei verrät und so ggf. weitere Schritte ermöglicht.

1 Klicken Sie dazu mit der rechten Maustaste auf eine Anwendung und wählen Sie im Kontextmenü *Zu Details wechseln*.

2 Dadurch gelangen Sie in die Kategorie *Details*, wo Sie eine Liste von Prozessen mit genauen Angaben vorfinden. Besonders praktisch: Der Prozess der im Schritt zuvor gewählten Anwendung ist hier bereits ausgewählt.

3 Klicken Sie erneut mit der rechten Maustaste darauf, erhalten Sie im Kontextmenü erweiterte Möglichkeiten. Mit *Eigenschaften* öffnen Sie die Eigenschaften der Programmdatei. Hier erfahren Sie den genauen Speicherpfad ebenso wie die Versionsnummer. In der Rubrik *Sicherheit* öffnen Sie mit *Erweitert* die erweiterten Sicherheitseinstellungen, in denen Sie beispielsweise den Besitzer der Datei ablesen können.

4 Handelt es sich um einen Dienst, können Sie über das Kontextmenü mit *Zu Dienst(en) wechseln* direkt in die Rubrik *Dienste* wechseln. Auch hier ist der zum Prozess gehörende Dienst direkt ausgewählt.

Probleme bei einzelnen Prozessen analysieren

Zu den hilfreichen Möglichkeiten des Task-Managers gehört ein tiefer gehender Einblick in die Abläufe und Abhängigkeiten eines Multitasking-Systems mit zahlreichen parallelen und aufeinander aufbauenden Prozessen. Wenn es bei einer Anwendung oder Funktion mal wieder »hängt«, können Sie selbst nachschauen, worin genau

die Ursache dafür liegt. Klicken Sie dazu mit der rechten Maustaste auf einen Prozess und wählen Sie im Kontextmenü *Warteschlange analysieren*. Der daraufhin folgende Dialog verrät Ihnen, ob und worauf der Prozess wartet. Das kann einfach ein anderer Prozess sein oder aber auch eine ganze Kaskade voneinander abhängender Prozesse. Sollte diese Liste leer sein, läuft der Prozess ganz normal bzw. ist im Zweifelsfall für alle »Hänger« selbst verantwortlich.

Problematische Prozesse per Prozessmonitor überwachen

Hat man eine Anwendung als konkreten Verursacher von Leistungsproblemen ausgemacht, ist das nur der erste Schritt. Möglicherweise kann man auf das Programm verzichten und es somit deinstallieren oder einfach nicht mehr nutzen. Das geht aber nicht immer, und darüber hinaus wäre es ja auch interessant zu wissen, was genau die Anwendung so langsam macht. Um das herauszufinden, kann man Programme mit dem Process Monitor aus der Sysinternals-Sammlung überwachen.

1 Starten Sie das Programm *procmon.exe* und platzieren Sie sein Fenster möglichst platzsparend am Rand des Bildschirms. Stellen Sie sicher, dass im *File*-Menü die Option *Capture Events* aktiv ist.

2 Starten Sie nun die fragliche Anwendung bzw. führen Sie die Funktion aus, die zu Verzögerungen führt. Warten Sie ggf. ab, bis der störende Effekt eintritt.

3 Wechseln Sie dann wieder zum Process Monitor und beenden Sie mit *File/ Capture Events* das Datensammeln (um die Datenmenge nicht unüberschaubar groß werden zu lassen).

Den Filter zurücksetzen und Ereignisse löschen

Mit *Filter/Reset Filter* können Sie den Filter jederzeit auf seine Standardeinstellungen zurücksetzen. Mit *Edit/Clear Display* löschen Sie die aktuelle Ereignisliste, um etwa neue, aktuelle Daten zu erfassen.

---

4 Suchen Sie nun in der Liste der vom Process Monitor erfassten Ereignisse eines mit der fraglichen Anwendung heraus. Sie erkennen diese am Namen der Programmdatei in der Spalte *Process Name*.

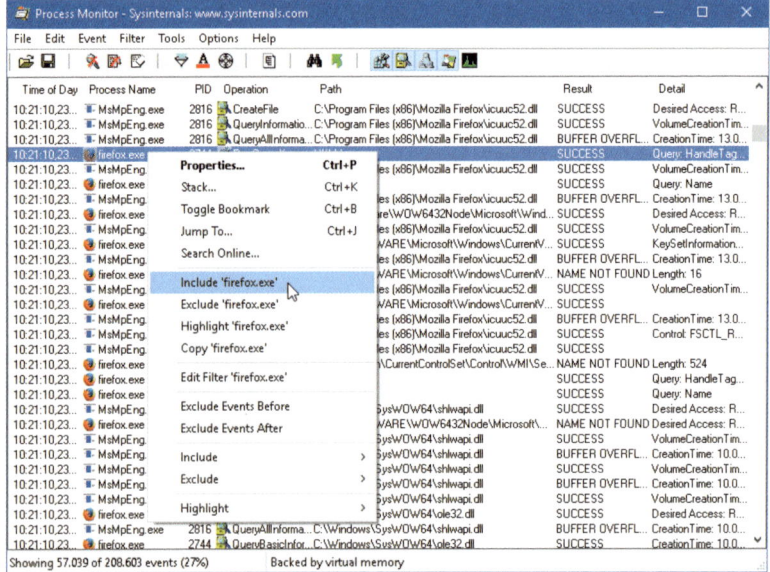

5 Klicken Sie mit der rechten Maustaste auf den Prozessnamen eines solchen Ereignisses und wählen Sie anschließend im Kontextmenü *Include /'<Prozessname>'*. Damit filtern Sie die Ereignisliste, sodass nur noch Ereignisse dieses Programms angezeigt werden.

Auf diese Weise erhalten Sie eine chronologische Liste aller Ereignisse, die von der Anwendung im Überwachungszeitraum ausgelöst wurden:

- In der Spalte *Operation* können Sie die Art des Ereignisses ablesen, etwa Dateioperationen oder Registry-Zugriffe.

- In der Spalte *Path* wird das Ziel der Operation angegeben, also etwa eine Datei oder ein Registryschlüssel.

- Besonders interessant ist die Spalte *Result*. Meist steht hier nur *SUCCESS*, was bedeutet, dass die Operation erfolgreich durchgeführt wurde. Umso spannender sind andere Einträge wie beispielsweise *FILE LOCKED, NAME NOT FOUND* oder *ACCESS DENIED*. Diese Einträge müssen nicht zwangsläufig auf eine Fehlfunktion hinweisen, aber sie können zumindest ein Indiz dafür sein.

Erfolgreiche Events ignorieren

Um die Liste des Process Monitor möglichst übersichtlich zu machen, kann es hilfreich sein, alle Ereignisse mit dem Ergebnis *SUCCESS* wegzufiltern.

Dann bleiben nur solche übrig, die potenziell auf Probleme hinweisen. Klicken Sie dazu mit rechts auf ein erfolgreiches Ereignis und wählen Sie im Kontextmenü *Exclude/Result*.

Das hier beschriebene Szenario ist nur eine von vielen Einsatzmöglichkeiten des Process Monitors. Er kann ebenso genutzt werden, wenn Anwendungen sich nicht wie erwartet verhalten, um bei unspezifischen Fehlermeldungen Klarheit über die tatsächliche Ursache zu erlangen.

Kerndaten visuell überwachen und Flaschenhälse erkennen

Wenn der PC nur sporadisch langsamer wird, ist es schwierig, den richtigen Moment zu erwischen. Hier hilft die Rubrik *Leistung* des Task-Managers weiter. Sie erlaubt es, Kerndaten wie die Auslastung von Prozessor, Speicher oder Netzwerk flexibel zu visualisieren.

So können Sie auf einen Blick sehen, ob Wartepausen tatsächlich von der CPU verursacht werden, oder ob stattdessen vielleicht Datenträger oder Netzwerk ausgelastet sind und eine Anwendung einfach zu lange auf Daten warten muss. Alle Leistungswerte werden permanent links in der Leiste als Miniatur angezeigt. Dort können Sie auch einen der Werte auswählen, der dann rechts im Hauptbereich detailliert angezeigt wird.

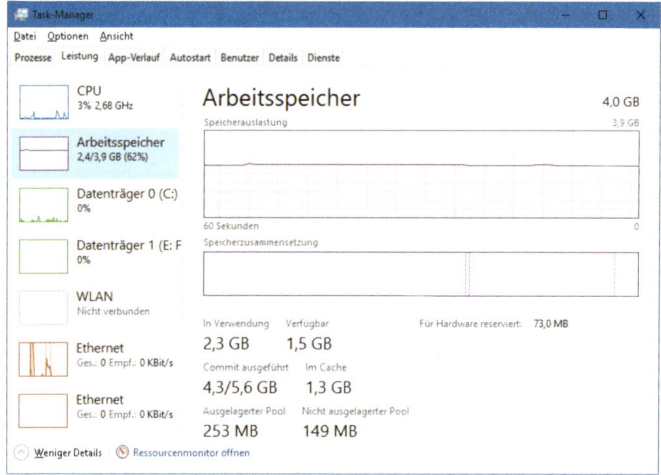

Wichtige Performancewerte kompakt auf dem Desktop

Wollen Sie in bestimmten Situationen wesentliche Leistungsparameter Ihres PCs ständig im Blick behalten, ist der Task-Manager dafür nur bedingt geeignet. Zwar bleibt er automatisch stets im Vordergrund, aber er nimmt dort eben auch einiges an Platz weg. Es gibt aber ein paar Tricks, wie Sie die Anzeige des Task-Managers auf die Informationen reduzieren können, die im Moment wichtig sind:

- Klicken Sie mit der rechten Maustaste in die linke Hälfte des Fensters, können Sie im Kontextmenü die *Zusammenfassungsansicht aktivieren*. Dann zeigt ein schmales Fenster nur die wesentlichsten Dateien an.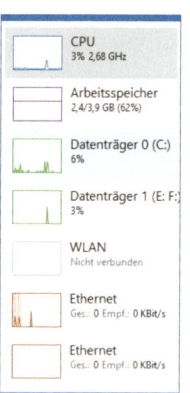

  Sie können es mit der Maus an den linken oder rechten Rand des Bildschirms verschieben, wo es kaum stört. So behalten Sie die Kerndaten Ihres Systems stets im Blick. Um später wieder das volle Fenster des Task-Managers auszuklappen, doppelklicken Sie an einer beliebigen Stelle auf die Miniversion.

- Noch etwa kompakter wird es, wenn Sie mit der rechten Maustaste klicken und *Diagramme anzeigen* ausschalten.

  Dann sehen Sie nur noch die reinen Werte. In dieser Ansicht lässt sich das Fenster auf eine minimale Größe zusammenschieben und am Rand platzieren, wo es bei der Arbeit nicht stört.

- Eine ähnliche Funktion können Sie nutzen, wenn Sie nur einen bestimmten Wert im Blick behalten möchten, etwa die Auslastung des Arbeitsspeichers. Wählen Sie dazu links diesen Wert aus.

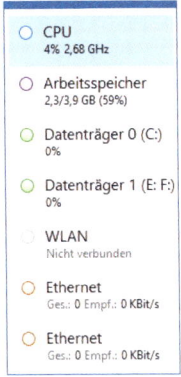

- Klicken Sie dann in der rechten Fensterhälfte mit der rechten Maustaste und wählen Sie im Kontextmenü *Diagrammübersichtsansicht*. Der Task-Manager zeigt dann nur dieses Diagramm nebst Werten an. Auch dieses Fenster können Sie auf eine beliebige Größe zusammenschieben. Der Inhalt passt sich dem verfügbaren Platz automatisch optimal an.

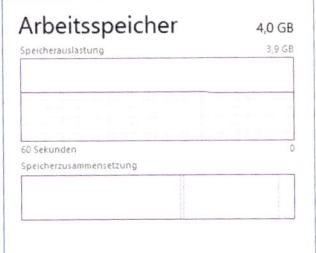

Der Ressourcenmonitor zeigt den Systemstatus im Detail

Der Task-Manager ist hilfreich für einen ersten Überblick und das Identifizieren von Prozessen, die möglicherweise Systemhänger und Wartepausen verursachen. Wer es genauer wissen möchte, sollte den Ressourcenmonitor zurate ziehen. Der gibt noch detaillierter Aufschluss darüber, wie stark Prozessor, Arbeitsspeicher, Datenträger und Netzwerk ausgelastet sind.

So lässt sich gut erkennen, welche der Komponenten am Rande ihrer Leistungsfähigkeit angelangt ist und das Gesamtsystem ausbremst.

Ebenso können Sie damit aber auch einzelne Prozesse ganz genau unter die Lupe nehmen.

1 Den Ressourcenmonitor finden Sie am einfachsten über den Task-Manager in dessen Rubrik *Leistung*. Klicken Sie dort unten auf *Ressourcenmonitor öffnen*. Alternativ tippen Sie im Startmenü *resmon* ein.

2 Im Ressourcenmonitor sehen Sie rechts eine Ressourcenübersicht. Sie zeigt die derzeitige Auslastung von CPU, Datenträger, Netzwerk und (Arbeits-)Speicher im grafischen Verlauf an. Dies erlaubt einen schnellen Überblick, ob alle Eckpfeiler des Systems reibungslos laufen bzw. wo eventuell ein leistungsbremsender Engpass entstanden ist.

3 Mit den Reitern links oben können Sie jeweils ausführlichere Angaben zu einer dieser Systemkomponenten abrufen. Klicken Sie dazu z. B. bei *Netzwerk* ganz rechts auf das Pfeilsymbol, um diesen Balken nach unten aufzuklappen.

4 Dadurch erweitern Sie die Anzeige um eine genaue Liste der Prozesse und Anwendungen, die zurzeit Ressourcen dieser Art beanspruchen. So können Sie z. B. Programme enttarnen, die im Hintergrund Daten übertragen.

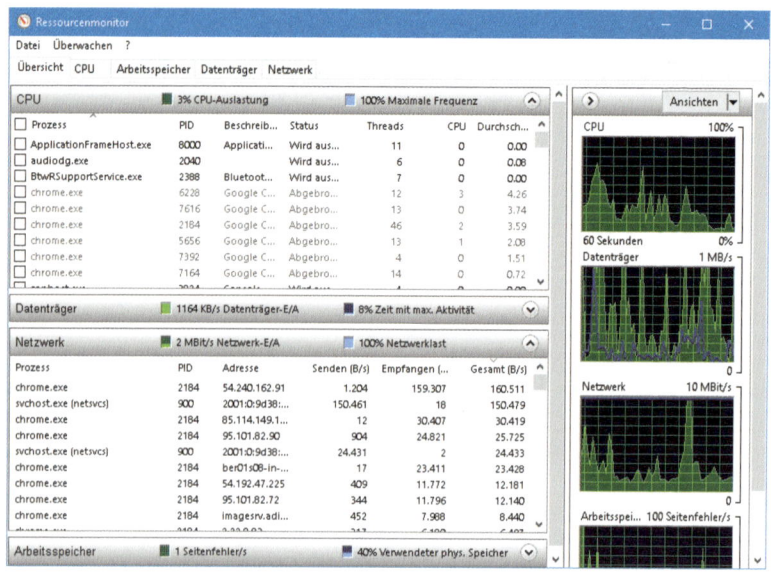

Einzelne Prozesse im Ressourcenmonitor überwachen

Wie andere Windows-Werkzeuge auch liefert der Ressourcenmonitor zunächst eine schwer zu überblickende Menge an Daten. Sie können die Ausgabe aber filtern und sich nur Einträge anzeigen lassen, die mit einem konkreten Prozess in Verbindung stehen. So lässt sich beispielsweise effektiv erkennen, ob und welche Verbindungen ein bestimmter Prozess übers Netzwerk aufbaut oder auf welche Dateien er zugreift. Jeden dieser Zugriffe können Sie quasi in Echtzeit überwachen und etwa anhand von Datenraten und Antwort- bzw. Latenzzeiten potenzielle Probleme dabei erkennen.

1 Lassen Sie sich dazu am besten zunächst die Rubrik *CPU* anzeigen, da dort alle aktuell laufenden Prozesse angezeigt werden.

2 In der oberen Liste mit diesen Prozessen suchen Sie nun Ihren Störkandidaten und setzen bei seinem Eintrag ganz links das Häkchen. Dadurch werden in allen Bereichen des Ressourcenmonitors nur solche Daten angezeigt, die mit diesem Prozess in Verbindung stehen.

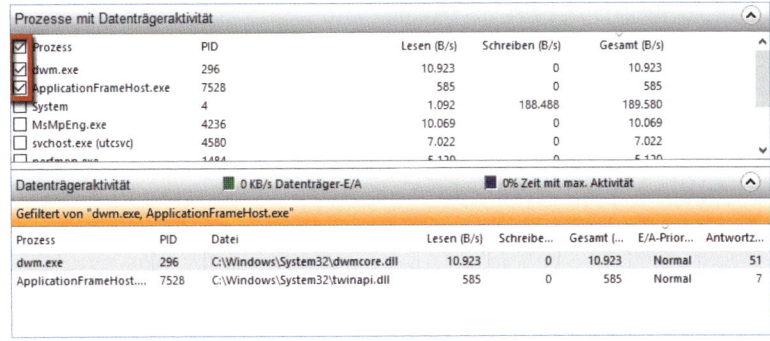

3 Nun können Sie beispielsweise in die Rubrik *Datenträger* wechseln und dort im Bereich *Datenträgeraktivität* die Dateizugriffe durch diesen Prozess beobachten (dazu ggf. kurz warten, falls nur sporadisch auf Dateien zugegriffen wird).

4 Dementsprechend können Sie in der Rubrik *Netzwerk* die Netzwerkzugriffe des Prozesses überwachen. Im Bereich *Netzwerkaktivitäten* finden Sie dazu auch die Adresse der Rechner, mit denen sich der Prozess verbindet, ebenso wie die Menge der gesendeten und empfangenen Daten.

Unter *TCP-Verbindungen* finden Sie die dabei verwendeten lokalen und entfernten Portnummern. Interessant sind hier auch die Angaben zur Paketverlust-Rate und zur Latenz (Verzögerung zwischen Absenden und Eintreffen eines Pakets). Letztere sollte üblicherweise im Bereich von zwei- bis dreistelligen Millisekunden liegen.

5   Vor allem wenn Sie mit dem Namen eines Prozesses spontan wenig anfangen können, sollten Sie in der Rubrik *CPU* nachschauen, ob dieser Prozess beispielsweise zu einem bestimmten *Dienst* gehört. Andernfalls helfen ggf. die Pfadangaben bei *Zugeordnete Handles* bzw. *Zugeordnete Module*, um den Prozess einer Anwendung zuzuordnen.

Noch detailliertere Daten mit der Leistungsüberwachung

Der Ressourcenmonitor gibt einen guten Überblick, beschränkt sich dabei aber auf einige Kerndaten. Wenn Ihnen das nicht reicht, können Sie mit der Leistungsüberwachung noch detaillierter einzelne Aspekte und Kenngrößen kontrollieren. Das bietet sich an, wenn Sie bereits einen bestimmten Bereich als Verursacher von Problemen identifiziert haben. Dann hilft die Leistungsüberwachung, in diese Bereiche genauer hineinzuschauen und die Abläufe zu verstehen, die zu den Problemen führen.

1   Öffnen Sie in der Systemsteuerung das Modul *Verwaltung* und darin die *Leistungsüberwachung*.

2   Die Leistungsüberwachung bietet Ihnen standardmäßig zunächst wieder an, den Ressourcenmonitor anzuzeigen. Klicken Sie stattdessen links in der Liste auf *Überwachungstools/Leistungsüberwachung*, um die Detailansicht aufzurufen. Diese zeigt Ihnen standardmäßig die CPU-Auslastung Ihres PCs. Dies können Sie aber schnell ändern, um sich die Daten anzeigen zu lassen, die Sie gerade interessieren.

3   Klicken Sie hierzu in der Symbolleiste oberhalb der grafischen Anzeigen auf das grüne Plussymbol.

4   Wählen Sie im anschließenden Menü *Leistungsindikatoren hinzufügen* zunächst links den Bereich aus, aus dem Sie detaillierte Leistungsdaten

abrufen wollen. Die Auswahl ist recht groß und manche der Begriffe sind sehr technisch gehalten. Die wichtigen Daten lassen sich aber an Bezeichnungen wie z. B. *Auslagerungsdatei* problemlos erkennen.

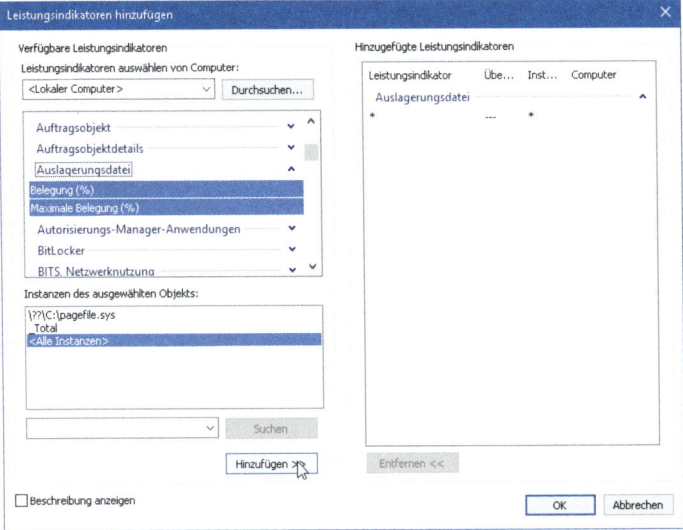

5 Um einen Bereich zu öffnen, klicken Sie rechts neben seiner Bezeichnung auf das kleine Pfeilsymbol. Damit klappen Sie diesen Bereich auf und sehen, welche einzelnen Daten Sie hierfür abrufen können. Diese können Sie nun durch einfaches Anklicken auswählen. Wollen Sie mehrere Daten auf einmal anzeigen lassen, klicken Sie sie nacheinander einfach an, wobei Sie [Strg] gedrückt halten.

6 Anschließend können Sie ggf. noch wählen, welches konkrete Gerät Sie überwachen wollen. Dazu werden darunter bei *Instanzen des ausgewählten Objekts* alle infrage kommenden Kandidaten aufgeführt. Auch hier können Sie wieder eines der Objekte oder gleich mehrere Objekte auswählen. Mit *<Alle Instanzen>* wählen Sie im Zweifelsfall einfach alles aus.

7 Wichtig: Haben Sie die gewünschten Daten ausgewählt, klicken Sie unten auf die *Hinzufügen*-Schaltfläche, um diese Überwachungsdaten auch zu aktivieren. Klicken Sie dann unten rechts auf *OK*, um zur Anzeige der Leistungsüberwachung zurückzukehren.

8 Diese zeigt die ausgewählten Daten umlaufend an. Dadurch können Sie neben den aktuellen Werten auch die Entwicklung verfolgen. Wenn Sie also wie im Beispiel die Belegung der Auslagerungsdatei überwachen, können Sie anhand der Leistungsgrafik genau verfolgen, wie diese sich im Folgenden entwickelt, wenn Sie etwa bestimmte Anwendungen ausführen.

Den Auslagerungsspeicher richtig konfigurieren

Wenn Sie viele Programme und/oder Dokumente gleichzeitig nutzen, wird der Arbeitsspeicher Ihres PCs eventuell knapp. In solchen Fällen verwendet Windows eine Datei auf der Festplatte als Auslagerungsspeicher: Inhalte des Arbeitsspeichers werden in diese Datei übertragen, um Speicherkapazität zu gewinnen. Soll später wieder auf diese Inhalte zugegriffen werden, holt das System sie von der Festplatte zurück in den Arbeitsspeicher. Da Festplatten langsamer arbeiten als Arbeitsspeicher, kommt es beim Aus- und Einlagern zu spürbaren Verzögerungen. Vermeiden lässt sich das nicht (außer durch das Einbauen zusätzlichen Speichers). Aber durch optimales Konfigurieren der Auslagerungsdatei können Sie den Bremseffekt vermeiden.

Die beste Therapie: mehr Arbeitsspeicher im PC

Das sinnvollste Mittel gegen zu wenig Arbeitsspeicher ist immer eine reale Speichererweiterung. Sie wird die Systemleistung in fast allen Fällen verbessern, da der beschriebene Auslagerungseffekt verringert wird. Windows benötigt mindestens 1 GByte Arbeitsspeicher (2 GByte für die 64-Bit-Version), mit 2 GByte kann man akzeptabel arbeiten, muss aber mit gelegentlichen Verzögerungen rechnen.

Für speicherintensive Anwendungen (Bearbeiten von Bildern, Musik oder Video) und grafikintensive Spiele empfiehlt sich mehr Speicher, wobei die 32-Bit-Versionen nicht mehr als 4 GByte Speicher nutzen können. Ein Ausbau darüber hinaus ist nur bei den 64-Bit-Versionen sinnvoll. Ein zusätzlicher Speicherriegel kostet inzwischen kein Vermögen mehr, aber nicht immer ist eine Erweiterung ohne Weiteres möglich (z. B. bei Notebooks).

---

1 Öffnen Sie in der Systemsteuerung das Modul *System* und wählen Sie dort links *Erweiterte Systemeinstellungen*.

2 Der anschließende Dialog zeigt automatisch die Kategorie *Erweitert* an, wo Sie im Bereich *Leistung* auf *Einstellungen* klicken.

3 Wechseln Sie im anschließenden Dialog in die Rubrik *Erweitert* und klicken Sie dort unten im Bereich *Virtueller Arbeitsspeicher* auf die *Ändern*-Schaltfläche.

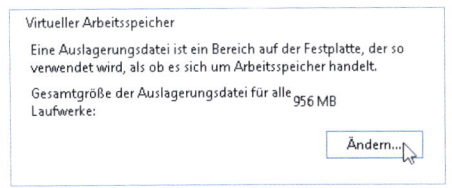

4 Deaktivieren Sie ganz oben die Option *Auslagerungsdateigröße für alle Laufwerke automatisch verwalten*, um in die Einstellungen für die Speicherauslagerung eingreifen zu können.

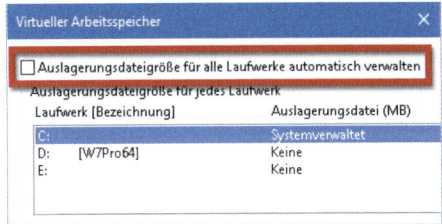

So optimieren Sie den Auslagerungsspeicher

Wie Sie das Auslagern von Speicher optimieren, hängt von den Gegebenheiten ab:

■ Haben Sie nur eine Festplatte mit einer Partition in den PC eingebaut, sind die Möglichkeiten begrenzt. In diesem Fall überlassen Sie am besten Windows die automatische Einstellung.

■ Bei einer Festplatte mit mehreren Partitionen können Sie immerhin bestimmen, auf welchem Laufwerk die Auslagerungsdatei erstellt werden soll. Bei knappem Platz auf dem Systemlaufwerk können Sie die Auslagerungsdatei verlegen.

■ Wenn Sie mehrere Festplatten eingebaut haben, sollten Sie die Auslagerungsdatei vom Systemlaufwerk auf eine andere Festplatte (nicht eine andere Partition auf demselben Laufwerk!) verlegen. So kann der PC parallel auf System- sowie Programmdateien und den Auslagerungsspeicher zugreifen, was den Ablauf beschleunigt.

Wenn Sie die Möglichkeit haben, die Auslagerungsdatei auf eine zweite schnelle Festplatte zu verschieben, gehen Sie dazu wie folgt vor:

1 Um die Auslagerungsdatei zu verlegen, wählen Sie zunächst das Laufwerk aus, auf dem sich die Datei zurzeit befindet (Vermerk *Systemverwaltet* in der Liste).

Wählen Sie danach darunter die Option *Keine Auslagerungsdatei* und klicken Sie dann rechts davon auf *Festlegen*.

2 Wählen Sie nun oben das Laufwerk aus, auf das in Zukunft ausgelagert werden soll. Aktivieren Sie dann die Option *Größe wird vom System verwaltet* und klicken Sie wiederum auf *Festlegen*.

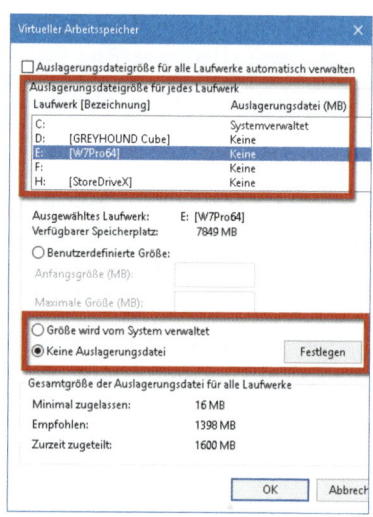

3 Übernehmen Sie die Einstellungen dann unten mit *OK*. Wichtig: Die Auslagerungsdatei kann nicht während des laufenden Betriebs geändert werden. Deshalb erfolgt die Umstellung automatisch beim nächsten Windows-Start bzw. nach einem Neustart.

Die Auslagerungsgröße verwaltet Windows am besten selbst

Beschränken Sie sich beim Optimieren der Auslagerungsdatei auf die Auswahl des Laufwerks und überlassen Sie die genaue Größe der Datei dem System. Es belegt dynamisch jeweils nur so viel Speicher wie nötig. Manuelle Vorgaben mit der Option der benutzerdefinierten Größe sind nicht notwendig. Die Automatik von Windows findet hingegen immer einen guten Mittelweg.

---

8. Probleme mit Windows-Updates beheben

Ein immer wieder leidiges Thema sind Windows-Updates. Die Theorie ist, dass Windows sich heimlich, still und leise auf dem Laufenden hält, Updates automatisch im Hintergrund herunterlädt, ohne die Internetverbindung damit spürbar zu belasten, und allenfalls hin und wieder mal um einen Neustart bittet.

In der Praxis hat aber fast jeder Windows-Nutzer schon mal mit störrischen Updates Bekanntschaft gemacht, die sich einfach nicht installieren lassen wollten oder nach der Installation zu nervigen Problemen führten. In diesem Abschnitt finden Sie einige Maßnahmen, mit denen Sie solchen Effekten begegnen und die Update-Funktion Ihres Windows wieder auf Linie bringen können.

Updates recherchieren

Wenn sich Probleme bei Windows-Updates einem bestimmten Update zuordnen lassen, dann sollten Sie immer zunächst recherchieren, was es mit diesem Update auf sich hat. Die eindeutige Referenz dafür ist die Nummer des dazugehörigen Eintrags in der Microsoft Knowledge Base, die stets mit dem typischen *KB…* beginnt.

Mit diesem Kürzel finden Sie immer schnell eine genaue Beschreibung des Updates und vor allem Informationen von anderen Benutzern, die ebenfalls Probleme damit hatten und diese vielleicht ja schon gelöst haben.

Die Updates der jüngsten Zeit kontrollieren

Da das Installieren von Updates automatisch im Hintergrund erfolgt, kann man nie sicher sein, welche Aktualisierungen bereits vorgenommen wurden und welche noch nicht. Der Updateverlauf verrät Ihnen, ob ein bestimmtes Update bereits auf Ihrem PC eingespielt wurde. Ebenso können Sie hier aber auch ablesen, ob es beim Einspielen von Updates in jüngster Zeit zu Problemen gekommen ist und welche Updates daran beteiligt waren.

1 Öffnen Sie in den *Einstellungen* die Rubrik *Update und Sicherheit/ Windows Update* und dort *Erweiterte Optionen*.

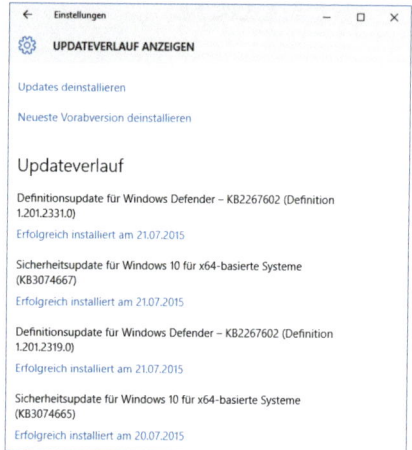

2 Dort finden Sie unter anderem den Link *Updateverlauf anzeigen*.

3 Damit öffnen Sie den Updateverlauf, der eine Liste aller durchgeführten Updates umfasst.

4 Neben Name und Installationsdatum verrät jeder Eintrag auch, ob diese Aktualisierung erfolgreich installiert werden konnte.

Sollte bei einem Update keine erfolgreiche Installation gemeldet werden, prüfen Sie zunächst, ob diese Aktualisierung vielleicht zu einem späteren Zeitpunkt bereits erfolgreich nachgeholt werden konnte. Andernfalls sollten Sie einen erneuten Versuch starten, dieses Update zu installieren.

Fehlerhafte Updates rückgängig machen

Sollten durch ein Update Probleme auftreten oder eine wichtige Anwendung nicht mehr wie gewünscht funktionieren, können Sie einzelne Updates zurücknehmen. Die Änderungen durch das Update werden dann rückgängig gemacht und die vorherigen Versionen der entsprechenden Dateien wiederhergestellt. Dies sollte allerdings eine Ausnahme für wirklich problematische Situationen bleiben.

Prinzipiell sind gerade wichtige Updates für die Sicherheit Ihres PCs unerlässlich. Außerdem kann das Deinstallieren einzelner Updates wiederum neue Probleme verursachen. Deshalb ist es bei manchen Updates auch von vornherein ausgeschlossen.

1 Öffnen Sie in den PC-Einstellungen *Update und Sicherheit/Windows Update* und dort *Erweiterte Optionen*.

2 Klicken Sie auf den Link *Updateverlauf anzeigen*.

3 Klicken Sie im Updateverlauf ganz oben auf *Updates deinstallieren*.

4 Damit öffnen Sie eine Liste der installierten Updates. Diese können Sie z. B. anhand der Spalte *Installiert am* (ganz rechts) sortieren lassen, um die zuletzt installierten Updates nach oben zu bringen.

5 Wählen Sie das fragliche Update aus und klicken Sie dann auf *Deinstallieren*.

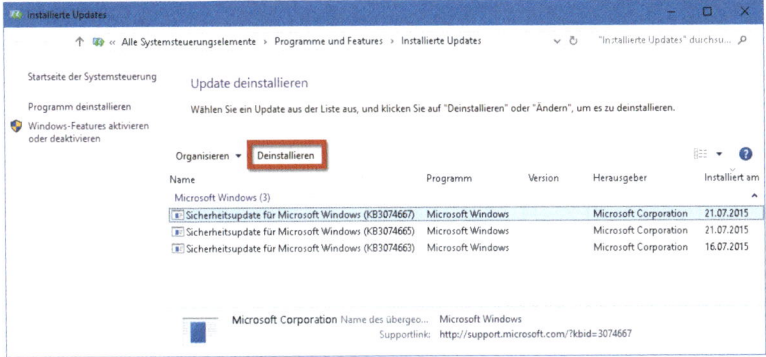

Wenn die Deinstallieren-Schaltfläche fehlt

Bei manchen Updates wird keine *Deinstallieren*-Schaltfläche angezeigt, wenn Sie den Eintrag auswählen. Solche Updates können nicht deinstalliert werden. Dies hat in der Regel wichtige technische Gründe, etwa weil bestimmte Komponenten dann nicht mehr funktionieren würden. Bei weiter zurückliegenden Updates kann es auch daran liegen, dass die Deinstallationsinformationen inzwischen gelöscht wurden, um den Speicherplatz freizugeben. Auch in solchen Fällen ist kein Deinstallieren mehr möglich.

Den Windows-Update-Dienst kontrollieren

Windows Update verfügt über einen eigenen Hintergrunddienst, der für das Erkennen neuer Updates, deren Herunterladen und das anschließende Installieren verantwortlich ist. Standardmäßig läuft dieser permanent im Hintergrund und versieht seine Aufgaben. Bei Problemen mit der Update-Funktion lohnt es aber, einfach mal kurz zu überprüfen, ob der Dienst überhaupt noch aktiv ist.

1   Geben Sie im Suchfeld des Startmenüs *Dienste* ein und öffnen Sie dann mit ⏎ die gleichnamige Desktop-App.

2   Suchen Sie in der Liste der Dienste den Eintrag *Windows Update*.

3   Überprüfen Sie, ob der *Starttyp* auf *Manuell* steht. Dann ist alles in Ordnung.

4   Falls ein anderer Starttyp bzw. *Deaktiviert* angegeben ist, öffnen Sie mit einem Doppelklick auf den Eintrag die Eigenschaften und ändern den Starttyp darin auf *Manuell*.

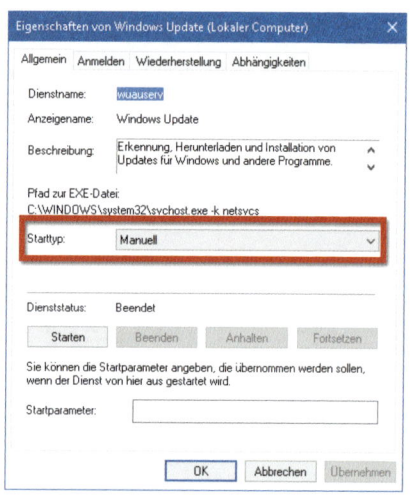

Anschließend können Sie in den *Einstellungen* die Rubrik *Update und Sicherheit/Windows Update* zurückkehren und dort mit *Nach Updates suchen* einen neuen Versuch starten.

Update-Fehler durch die Problembehandlung beheben

Wann immer es irgendwelche Update-Probleme gibt, sollten Sie als schnelle, einfache Maßnahme die auf Seite 64 vorgestellte Problembehandlung von Windows in Anspruch nehmen. Sie enthält ein Modul speziell für Windows Update, das einige typische Probleme beheben sowie Standard-Wartungsaufgaben durchführen kann.

1 Öffnen Sie in der Systemsteuerung (Listenansicht) den Eintrag *Problembehandlung.*

2 Klicken Sie darin zunächst auf den Bereich *System und Sicherheit.*

3 Darin finden Sie in der Liste ganz unten bei *Windows* den Eintrag *Windows Update.*

4 Mit einem Klick darauf starten Sie den Assistenten, der die Update-Funktion analysiert und auf gängige Störungen hin abklopft. Sollte er fündig werden, informiert er sie bzw. bietet Ihnen ggf. an, gefundene Probleme direkt zu beseitigen. Teilweise sind dafür Administratorrechte erforderlich, die Sie dann zunächst gewähren müssen.

Windows Update neu initialisieren

Windows Update speichert eine Reihe von Daten und temporären Dateien in zwei Ordnern. Eine bewährte Methode ist es, den Inhalt dieser Ordner zu entfernen.

Beim nächsten Versuch, darauf zuzugreifen, bemerkt Windows Update das Fehlen dieser Ordner und erstellt sie einfach neu. Für Windows selbst hat das keine negativen Auswirkungen. Aber manche Probleme lassen sich dadurch lösen, dass die Update-Funktion alte, womöglich beschädigte Daten verwirft und neu beginnt. Um diese Ordner entfernen zu können, sind aber einige Schritte in der richtigen Reihenfolge erforderlich.

1 Öffnen Sie zunächst eine Eingabeaufforderung als Administrator.

2 Geben Sie dann die folgenden Befehle jeweils nacheinander ein. Sie stoppen die verschiedenen Dienste, die am Windows Update beteiligt sind bzw. auf die fraglichen Ordner zugreifen könnten:

```
net stop wuauserv
net stop cryptSvc
net stop bits
net stop msiserver
```

3 Nun können Sie die Ordner entfernen, wobei meine Empfehlung ist, sie eben nicht einfach zu löschen, sondern zunächst nur umzubenennen. Dadurch behalten Sie eine Kopie der Ordner unter einem anderen Namen bei. Sollte es also im Anschluss zu Problemen kommen, können Sie den Ausgangszustand einfach wiederherstellen, indem Sie den Ordnern ihre alten Namen zurückgeben. Verwenden Sie zum Umbenennen die folgenden Befehle:

```
ren %windir%\SoftwareDistribution↵
 SoftwareDistribution.old
ren %windir%\System32\catroot2 catroot2.old
```

4 Neue leere Ordner brauchen Sie nicht zu erstellen. Das macht Windows ganz automatisch, wenn es feststellt, dass diese Ordner nicht (mehr) vorhanden sind. Sie müssen nun nur die zuvor abgeschalteten Dienste reaktivieren:

```
net start wuauserv
net start cryptSvc
net start bits
net start msiserver
```

Stoßen Sie anschließend eine erneute Überprüfung durch Windows Update an und kontrollieren Sie, ob die zuvor beobachteten Probleme weiterhin auftreten.

Startprobleme nach einem Update beheben

Die bislang in diesem Kapitel beschriebenen Maßnahmen setzen voraus, dass Windows sich noch starten lässt und Probleme mit einem Update mit Bordmitteln behandelt werden können. Dramatischer ist es, wenn Windows nach einem Update nicht mal mehr startet – weder regulär noch im abgesicherten Modus. In diesem Fall können Sie die Wiederherstellungskonsole nutzen, um eingespielte Updates rückgängig zu machen:

1 Wechseln Sie beim PC-Start, wie weiter vorne ausführlicher beschrieben, zu den erweiterten Startoptionen, bis Sie zur Eingabeaufforderung gelangen (*Weitere Optionen auswählen/Problembehandlung/Erweiterte Optionen/Eingabeaufforderung*).

2 Hier sollten Sie zunächst sicherstellen, auf welchem Laufwerk Windows installiert ist. Sie können wie üblich mit `c:` etc. zu anderen Laufwerken wechseln und deren Inhalt mit `dir` auflisten. Sollte das nicht reichen, verwenden Sie `diskpart` und darin `list volume`, um den richtigen Laufwerkbuchstaben sicher zu ermitteln.

3 Wechseln Sie dann beispielsweise mit `c:` auf das betreffende Laufwerk.

4 Um festzustellen, welche Updates zuletzt eingespielt wurden, geben Sie den folgenden Befehl ein, wobei Sie `c:\` ggf. durch den ermittelten Buchstaben ersetzen:

```
Dism /image:c:\ /get-packages
```

5 Eventuell ist es sinnvoller, längere Ausgaben in eine Datei umzuleiten. So können Sie erst mal feststellen, welche Updates überhaupt in letzter Zeit installiert wurden und das Problem verursacht haben könnten.

```
Dism /image:c:\ /get-packages↵
 >c:\updates.txt
```

6 Um eines der installierten Updates gezielt rückgängig zu machen, verwenden Sie den folgenden Befehl. Anstelle von *<Paketname>* tragen Sie dabei die genaue vollständige Bezeichnung ein, die Sie in der Ausgabe von `/get-packages` jeweils in der Zeile *Paketidentität:* finden. Bei der Option `scratchdir` müssen Sie wiederum den passenden Laufwerkbuchstaben Ihrer Windows-Partition beachten.

```
Dism /image:c:\ /remove-package↵
 /packagename:<Paketname>↵
 /scratchdir:c:\Windows\temp
```

7 Eine andere Variante (insbesondere wenn Sie nicht wissen, welches Update genau Probleme macht) ist der folgende Befehl, der alle momentan noch nicht abgeschlossenen Maßnahmen während des Bootvorgangs rückgängig macht:

```
Dism /image:c:\ /cleanup-image↵
 /revertpendingactions
```

8 Wenn die Aktion abgeschlossen ist, verlassen Sie die Eingabeaufforderung mit `exit`. Starten Sie den PC dann neu, um zu überprüfen, ob das Problem dadurch behoben wurde.

9. Probleme mit USB-Geräten beheben

So angenehm und flexibel der USB-Anschluss ist, er garantiert leider keine völlige Zuverlässigkeit. Vielmehr hat er einige Eigenheiten, die in besonderen Situationen gerade zu Problemen führen können. So verlassen sich manche Geräte darauf, vom USB-Bus mit ausreichend Spannung versorgt zu werden. Setzt man mehrere solcher Produkte gleichzeitig ein, kann es zu Schwierigkeiten kommen. Auch USB-Wechselspeichermedien haben ihre Tücken, da das jederzeit mögliche Ausstecken eines Gerätes eben auch bedeuten kann, dass es herausgezogen wird, während noch Daten geschrieben werden. Alle diese Probleme lassen sich aber mit Bordmitteln lösen oder vermeiden.

Windows reagiert nicht auf eingesteckte USB-Geräte

Wenn Sie bei Ihrem PC ein USB-Gerät einstecken, reagiert er darauf überhaupt nicht? Die Geräte funktionieren nicht, es gibt aber auch keine Fehlermeldung? An anderen PCs laufen die USB-Geräte problemlos? Bei einem funktionierenden USB-Gerät sollte Windows grundsätzlich zumindest das Vorhandensein erkennen und irgendwie reagieren. Ist das nicht der Fall, liegt das Problem in einem anderen Bereich:

- Prüfen Sie bei einem neuen PC, ob die USB-Steckplätze am Gehäuse tatsächlich mit der Hauptplatine verbunden sind. Insbesondere USB-Buchsen an der Gehäusefront werden manchmal versehentlich nicht angeschlossen. Ist der Anschluss vorhanden, stellen Sie anhand der Angaben der Dokumentation zur Hauptplatine sicher, dass die verschiedenen Adern des Anschlusskabels an die richtigen Kontakte auf der Hauptplatine angeschlossen wurden.

- Ist hardwaremäßig alles in Ordnung, überprüfen Sie, ob die USB-Funktionen im BIOS des PCs womöglich deaktiviert wurden. Suchen Sie dazu im BIOS in den Rubriken *Integrated Peripherals* bzw. *Advanced Chipset*

Features (o. Ä.) nach den entsprechenden USB-Einstellungen und aktivieren Sie diese.

- Sollte das nicht helfen, stellen Sie fest, ob für das BIOS Ihrer Hauptplatine ein Update verfügbar ist, das dieses Problem behebt.

Windows erkennt USB-Geräte nicht korrekt

Normalerweise sollte Windows ein angestecktes USB-Gerät erkennen und zumindest identifizieren. Wenn die automatische Erkennung von USB-Geräten nicht funktioniert, gibt es dafür eine Reihe von möglichen Gründen:

- Manche USB-Geräte funktionieren nicht allein mit den USB-Treibern von Windows, sondern benötigen zusätzlich eigene Treiber. Diese müssen eventuell bereits vor dem ersten Anschließen des Gerätes installiert sein, damit die automatische Erkennung funktioniert. Lesen Sie in der Bedienungsanleitung des Gerätes nach, ob und wie die Treiber installiert werden müssen.

- Beachten Sie außerdem, dass manche USB-Geräte eine eigene Stromversorgung benötigen. Windows kann solche Geräte erst dann erkennen, wenn sie eingeschaltet werden.

- Wenn es bei der Erkennung eines Gerätes Probleme gibt, entfernen Sie probeweise immer alle anderen USB-Geräte vom PC, bevor Sie diese Komponente erneut einstecken. Sollte es dann funktionieren, liegt ein Problem mit dem Stromverbrauch oder der Bandbreite des USB-Busses vor (siehe im Folgenden).

USB-Geräte funktionieren nicht (mehr)

Wenn ein per USB angeschlossenes Gerät plötzlich nicht mehr erkannt wird, hilft es oftmals, den Treiber dafür neu zu installieren. Dafür muss allerdings der alte Treiber deinstalliert werden. Und der ist gar nicht so leicht zu finden, wenn sich das Gerät eben nicht mehr anschließen lässt. Mit dem Programm USBDeview (www.nirsoft.net/utils/usb_devices_view.html) lassen Sie sich alle USB-Geräte anzeigen, die jemals an diesen PC angeschlossen waren.

Und Sie können jedes dieser Geräte aus der Windows-Konfiguration entfernen, sodass es beim nächsten Anschließen (hoffentlich) wieder erkannt wird.

1 Starten Sie aus dem heruntergeladenen Archiv einfach direkt die Anwendung USBDeview. Eine Installation im klassischen Sinne ist nicht notwendig. Wichtig ist aber: Wenn Sie nicht nur schauen, sondern auch etwas ändern wollen, dann starten Sie das Programm mit Administratorrechten (rechte Maustaste und *Als Administrator ausführen*)!

2 Das Programm listet dann direkt alle USB-Geräte auf, die in der Konfiguration Ihres PCs hinterlegt sind. Das gilt nicht nur für die derzeit angeschlossenen Geräte, sondern auch für solche, die gerade ausgeschaltet sind oder die irgendwann einmal angeschlossen waren.

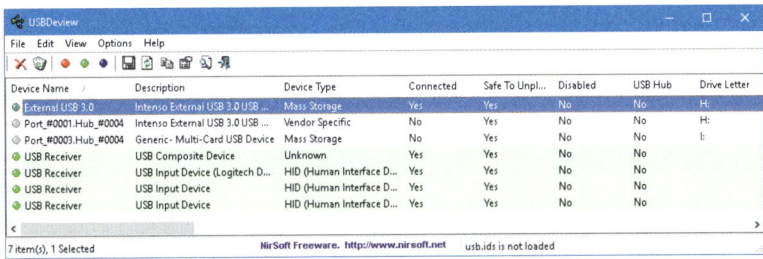

3 In der Spalte *Connected* können Sie ablesen, welche der Geräte derzeit mit dem PC verbunden sind (*Yes*) und welche nicht (*No*).

So viele USB-Geräte?

Wundern Sie sich nicht über die vielleicht sehr groß erscheinende Anzahl von USB-Geräten. Hier tauchen auch einige PC-Komponenten wie interne USB-Hubs auf. Auch die heute oft gebräuchlichen Multikartenleser im PC-Gehäuse sind über interne USB-Anschlüsse eingebunden und gelten deshalb als (mehrere) USB-Geräte.

---

4 Um eines der Geräte aus der Konfiguration zu entfernen, klicken Sie mit der rechten Maustaste auf den Eintrag und wählen im Kontextmenü *Uninstall Selected Devices*. Bestätigen Sie die Rückfrage des Programms mit einem Klick auf *Ja*.

5 Führen Sie anschließend vorsichtshalber einen Neustart des PCs durch. Wenn Sie das USB-Gerät dann erneut mit dem PC verbinden, ist es für den Computer »wie beim ersten Mal«. Er sollte das Gerät also automatisch erkennen und die Treiber dafür installieren bzw. den Benutzer nach passenden Treibern fragen. Beachten Sie dabei aber auch die Installationshinweise des Herstellers, beispielsweise ob die Treiber installiert werden sollen, bevor (!) das Gerät zum ersten Mal angeschlossen wird.

USB-Anschlüsse in der Leistungsüberwachung

Auf Seite 106 gehe ich auf die Möglichkeiten der Leistungsüberwachung ein. Diese kann unter anderem auch dafür genutzt werden, gezielt die Vorgänge an den USB-Anschlüssen zu kontrollieren. Wählen Sie dazu bei den Leistungsindikatoren die Rubrik *USB*. Darin steht eine ganze Reihe von Unterpunkten zur Auswahl, mit denen sich die Datenübertragungsrate ebenso wie Wartezeiten oder Fehler überwachen lassen. So kann man beispielsweise sehr gut in Echtzeit verfolgen, was beim Anschließen bzw. Benutzen eines USB-Gerätes genau geschieht.

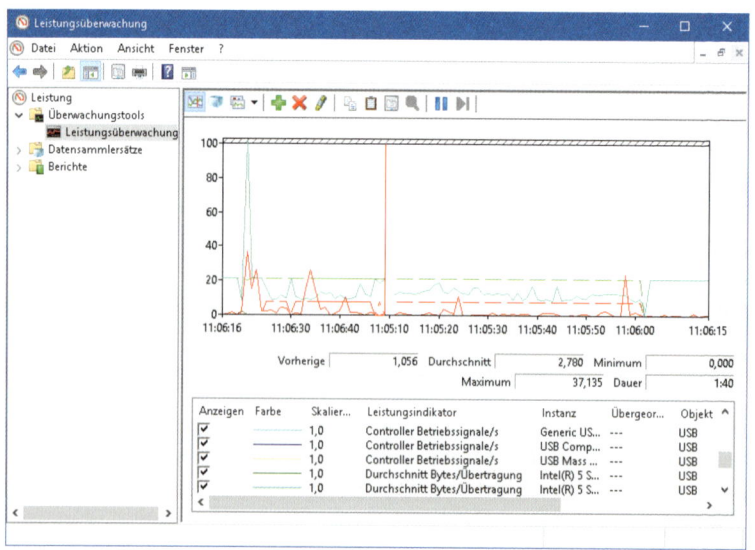

USB-Anschluss mit mehreren Geräten überfordert

Ein häufiges Problem bei USB-Geräten ist das Betreiben mehrerer Produkte gleichzeitig. Einzeln angeschlossen funktionieren sie problemlos, aber beim Anschließen des zweiten wird das erste abgeschaltet. Solche Probleme können bei Geräten auftreten, die keine eigene Stromversorgung haben, sondern den Strom vom USB-Anschluss beziehen. Dieser liefert gemäß Spezifikation nur eine bestimmte Leistung. Verbrauchen die angeschlossenen Geräte mehr als diese Leistung, schaltet der USB-Bus einen der Verbraucher ab, um die Stromversorgung des anderen sicherzustellen. Wie es um den Stromverbrauch bestellt ist, können Sie jederzeit überprüfen:

1 Öffnen Sie über die Systemsteuerung den *Geräte-Manager*.

2 Im Geräte-Manager öffnen Sie in der Liste der Hardwarekomponenten die Kategorie *USB-Controller* und doppelklicken hier auf den Eintrag *USB-Root-Hub* oder auch *Generic USB Hub*. Sind mehrere solcher Einträge vorhanden, probieren Sie diese der Reihe nach aus.

3 Wechseln Sie in den Eigenschaften auf die Registerkarte *Stromversorgung*. Hier finden Sie im Bereich *Hubinformationen* die Angabe, wie viel Strom an den USB-Anschlüssen insgesamt zur Verfügung steht.

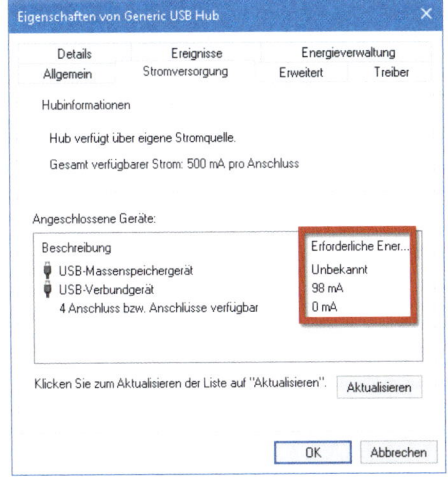

4 Darunter finden Sie die Liste der angeschlossenen Geräte und deren momentane Energieaufnahme. So können Sie feststellen, welches USB-Gerät wie viel Strom verbraucht und ob damit die Gesamtkapazität überschritten wird. Wenn die Bezeichnungen der Geräte nicht eindeutig sind, ziehen Sie einzelne Geräte ab und beobachten die Veränderungen in der Anzeige.

Wenn sich eine zu hohe Leistungsaufnahme als Ursache des Problems herausstellt, gibt es mehrere Lösungsmöglichkeiten:

- Wenn mehrere USB-Anschlüsse vorhanden sind, probieren Sie alle aus. Versuchen Sie insbesondere, einen der Stromfresser – soweit vorhanden – an der Gehäusefront oder hinten am PC anzuschließen, da die Anschlüsse meist getrennte Stromversorgungen haben.

- Wenn ein USB-Gerät auch mit einer eigenen Stromversorgung betrieben werden kann (Batterie oder Netzteil), verwenden Sie diese.

- Besorgen Sie sich einen aktiven USB-Hub. Dieser hat ein eigenes Netzteil und stellt somit auch eine eigene Stromversorgung für angeschlossene Geräte bereit, die unabhängig von der des USB-Anschlusses im PC arbeitet. Zusätzlich erhöht er die Zahl der USB-Anschlüsse.

PC schaltet sich beim Anschließen eines USB-Gerätes ab

Unter bestimmten Umständen kann es beim Einstecken eines USB-Gerätes, das Strom über den USB-Anschluss bezieht, zu einem Kurzschluss kommen. Das passiert, wenn über das Gehäuse des PCs bzw. die Blende, in die der USB-Anschluss eingebaut ist, eine leitende Verbindung hergestellt wird.

Das Netzteil schaltet dann automatisch ab, um Schäden zu vermeiden. Bei korrekter Verkabelung sollte dieses Phänomen nicht auftreten, aber leider wird beim Zusammenbau von PCs nicht immer penibel genug gearbeitet.

Tritt der Effekt erst plötzlich bei USB-Geräten auf, die bislang keine Probleme machten, sollten Sie den fraglichen USB-Anschluss genau kontrollieren. Eventuell ist er beschädigt, wobei es unter Umständen schon reichen kann, wenn etwa eine Abstandshalterung aus Plastik weggebrochen ist. Auch wenn die Pins innerhalb des Anschlusses sich durch versehentlich zu grobe Bedienung verbogen haben sollten, kann das zu einem Kurzschluss führen.

Lässt sich das Problem nicht weiter eingrenzen, ist die einfachste Abhilfe, einen anderen USB-Anschluss zu testen. Am besten nicht einen, der direkt daneben liegt. Tritt das Problem an der PC-Front auf, wechseln Sie notfalls zur Rückseite.

Sollte das zu umständlich sein, kann ein USB-Verlängerungskabel Abhilfe schaffen. Oder Sie schaffen sich einen USB-Hub an, mit dem sich das Problem häufig auch umgehen lässt.

> **USB-Geräte vorm Einschalten anschließen**
>
> Wenn der PC sich beim Einstecken eines USB-Verbrauchers abschaltet, reagiert oftmals auch nur die Sicherung des Netzteils zu empfindlich.
>
> Versuchen Sie, das Gerät einzustecken und dann erst den PC einzuschalten. Oftmals startet er dann ohne Murren und Sie können das Gerät problemlos nutzen. Das ist keine Dauerlösung, aber manchmal eine schnelle Abhilfe.

Strom fällt beim Anschließen eines USB-Gerätes aus

Ein Extremfall, aber es kommt leider immer mal wieder vor: Beim Anschluss eines USB-Gerätes an den PC wird der FI-Schutzschalter im Sicherungskasten ausgelöst und sorgt für einen Stromausfall.

Dieses Problem kann bei USB-Geräten auftreten, die neben dem PC noch mit einer Antennenleitung oder auch anderen elektrisch leitenden Komponenten verbunden sind (Kabelmodems, TV- und SAT-Empfänger, externe Audio-Adapter etc.).

Wenn im USB-Gerät die USB-Masseleitung direkt mit der Masse beispielsweise des Antennenanschlusses verbunden wird, entsteht über den USB-Anschluss eine Schleife mit dem Netzteil des PCs, durch die ein Ausgleichsstrom fließt. Dieser löst den FI-Schutzschalter aus (was allerdings auch der Sinn dieses Schalters ist).

Ein solches Problem lässt sich mit einem galvanisch getrennten Mantelstromfilter lösen, der zwischen Antenne und USB-Gerät eingesetzt wird. Solche Mantelstromfilter sind im gut sortierten Elektronikfachhandel oder bei einschlägigen Onlineshops erhältlich.

Datenverluste beim Abziehen von USB-Speichern vermeiden

Wechselspeichermedien wie USB-Sticks oder die Speicherkarte aus der Digitalkamera lassen sich dank USB jederzeit bequem mit dem PC verbinden, um z. B. Digitalfotos einzulesen oder wichtige Dokumente extern zu sichern. Allerdings kann man ein USB-Gerät eben auch jederzeit wieder abziehen. Deshalb muss sichergestellt sein, dass beim Entfernen sämtliche Schreiboperationen auf das Medium bereits beendet sind. Eine automatische Kontrolle durch Windows ist nicht möglich, weil die Entnahme jederzeit durch Trennen der USB-Verbindung durch den Benutzer erfolgen kann. Aber es gibt eine Vorgehensweise, mit der man sicherstellen kann, dass alle Schreiboperationen abgeschlossen sind:

1 Im Infobereich bzw. im erweiterten Infobereich sehen Sie ein spezielles Symbol für angeschlossene USB-Geräte.

2 Wollen Sie ein Speichermedium entfernen, klicken Sie auf dieses Symbol im Infobereich. Damit öffnen Sie ein Menü mit einer Übersicht über die angeschlossenen Geräte.

3 Suchen Sie hier das Gerät aus, das Sie entfernen wollen (die angegebenen Laufwerkbuchstaben helfen ggf. beim Orientieren), und klicken Sie dann auf den Befehl ... *auswerfen*.

4 Windows beendet damit von sich aus die Verbindung zum Speichermedium, wobei automatisch eventuell noch ausstehende Schreiboperationen beendet werden. So können keine Daten verloren gehen oder beschädigt werden.

5 Wenn Sie die Meldung *Das Gerät "..." kann jetzt vom Computer entfernt werden* sehen, können Sie z. B. den USB-Stick gefahrlos aus dem PC herausziehen.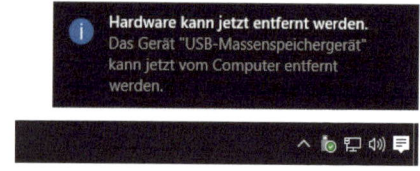

10. Probleme mit Hardwarekomponenten oder -treibern beheben

Windows wird Sie vielleicht nicht immer von Hardwareproblemen verschonen können. Zwar bringt es für viele gängige Hardwarekomponenten bereits passende Treiber mit oder liefert diese ggf. per Onlineupdate nach. Trotzdem kann es gerade bei älteren oder exotischen Hardwarekomponenten zu Problemen kommen.

Hier dürften häufig keine aktuellen Treiber mehr zu bekommen sein. Oftmals bestehen in solchen Fällen aber Möglichkeiten, beispielsweise mit vorhandenen Hardwaretreibern für ältere Windows-Versionen noch weiterzuarbeiten.

Hardwareprobleme im Geräte-Manager aufspüren

Die erste Anlaufstelle für das Analysieren und Lösen von Hardware- bzw. Treiberproblemen ist stets der Geräte-Manager. Er verschafft einen schnellen Überblick über die vorhandene Hardware und bietet insbesondere bei Treiberproblemen Möglichkeiten zur Problembehebung.

1 Um den Geräte-Manager zu verwenden, wählen Sie in der Systemsteuerung die Kategorie *Hardware und Sound* und klicken dort auf *Geräte-Manager*. In der Listenansicht sehen Sie direkt den gleichnamigen Eintrag.

2 Im Geräte-Manager finden Sie eine ganze Reihe von Rubriken, in die die vorhandenen Hardwarekomponenten eingeteilt sind. Die Darstellung ist dabei ähnlich wie die von Ordnern und Dateien im Windows-Explorer. Wenn Sie auf das Pfeilsymbol vor einer der Rubriken klicken, blättern Sie diese auf und erhalten Zugriff auf die dazugehörigen Komponenten.

3 Um ein einzelnes Gerät näher unter die Lupe zu nehmen, führen Sie einen Doppelklick auf den entsprechenden Eintrag im Geräte-Manager aus. Dieser öffnet dann die Eigenschaften für das Gerät. Dort finden Sie alle Informationen und Funktionen, die zu diesem Gerät und ggf. zu seinen Treibern verfügbar sind.

4 In der Regel erkennt Windows von allein, dass ein bestimmtes Gerät nicht ordnungsgemäß arbeitet. Betroffene Rubriken klappt der Geräte-Manager beim Start automa-

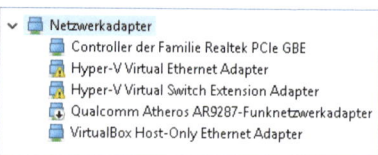

tisch aus und versieht die Symbole der fehlerhaften Komponenten mit einer farbigen Markierung. So kommen Sie den Verursachern von Hardwareproblemen schnell auf die Schliche.

Wenn der Geräte-Manager ein Hardwareproblem anzeigt, hat dies in den seltensten Fällen tatsächlich mit einem Defekt an einer Komponente zu tun, eher schon mit einer Kabelverbindung, die sich gelöst hat, oder ähnlichen Verbindungsproblemen. Auch Probleme mit der Ressourcenverteilung sind dank Plug-and-play eher selten geworden. In den meisten Fällen aber liegt das Problem in der Treibersoftware für das Gerät, die entweder ganz fehlt oder nicht ordnungsgemäß funktioniert.

Wirklich alle Komponenten im Geräte–Manager anzeigen

Der Geräte-Manager versteckt einige Komponenten, die den Benutzer seiner Meinung nach nichts angehen, weil es sich dabei z. B. um logische Komponenten des Betriebssystems handelt. Solche Komponenten können Sie aber dennoch einsehen, wenn Sie im

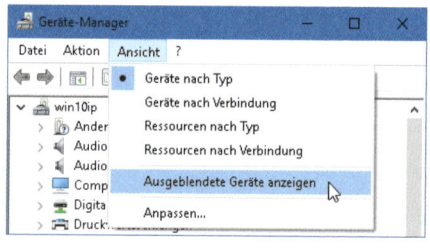

Geräte-Manager die Option *Ansicht/Ausgeblendete Geräte anzeigen* aktivieren. Leider »vergisst« der Geräte-Manager diese Einstellung beim Beenden jedes Mal, sodass Sie sie bei Bedarf immer wieder einschalten müssen.

Selbst jetzt verbirgt der Geräte-Manager immer noch Komponenten, für die zwar Treiber installiert sind, die aber momentan nicht an den PC angeschlossen bzw. eingeschaltet sind. Dazu gehören z. B. mobile Geräte wie USB-Sticks, Digitalkameras etc., aber auch sämtliche festen Hardwarekomponenten (Festplatten, Grafikkarten, CD-Laufwerke etc.), die irgendwann einmal in den PC eingebaut und unter Windows eingerichtet waren. Um auch auf diese Komponenten zugreifen und beispielsweise deren Treiber entfernen zu können, gehen Sie wie folgt vor:

1 Öffnen Sie in der Systemsteuerung das Modul *System* und klicken Sie dort links in der Navigationsleiste auf *Erweiterte Systemeinstellungen*.

2 Klicken Sie im anschließenden Menü auf der Registerkarte *Erweitert* ganz unten auf die Schaltfläche *Umgebungsvariablen*.

3 Im dadurch geöffneten Menü klicken Sie wiederum unten im Bereich *Systemvariablen* auf die Schaltfläche *Neu*, um eine neue Systemvariable anzulegen.

4 Geben Sie im nachfolgenden Dialog bei Name der Variablen *devmgr_show_nonpresent_devices* und bei Wert der Variablen *1* an.

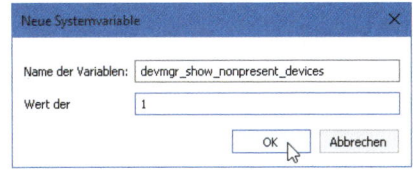

5 Klicken Sie dann insgesamt dreimal nacheinander auf die jeweilige *OK*-Schaltfläche, um die neue Variable zu übernehmen. Nun müssen Sie den Geräte-Manager ggf. beenden, neu starten und mit *Ansicht/Ausgeblendete Geräte anzeigen* die erweiterte Anzeige aktivieren. Dann werden auch die derzeit nicht verbundenen Hardwarekomponenten angezeigt.

Mit Problemen im Geräte-Manager richtig umgehen

Wenn Windows bemerkt, dass es mit einer Hardwarekomponente Probleme gibt, deaktiviert es dieses Gerät in der Regel automatisch. Das bedeutet, dass der Treiber für dieses Gerät beim Systemstart nicht mehr geladen und die Komponente auch sonst ignoriert wird. So wird sichergestellt, dass das System trotz des Hardwareproblems weiterarbeiten kann. Um die kaltgestellte Komponente wieder in Betrieb zu nehmen, müssen Sie aber selbst aktiv werden.

Die Ressourcenverteilung optimieren

Konflikte um IRQs und andere Ressourcen sind zum Glück sehr selten geworden. Zum einen kümmert sich Windows 10 wie schon seine Vorgänger sehr effizient um die reibungslose Verteilung der vorhandenen Ressourcen. Zum anderen sind viele Hardwarekomponenten heutzutage nicht mehr auf eine exklusive Ressourcenzuteilung angewiesen.

Gerade bei älterer Hardware kann es aber immer noch zu Problemen kommen, die ein manuelles Eingreifen erfordern. Dies ist zum Glück zumindest bei einigen Geräten noch möglich.

1 Starten Sie den Geräte-Manager und wählen Sie die Hardwarekomponente aus, die durch den Ressourcenkonflikt lahmgelegt ist. Sie ist mit einem Warnsymbol deutlich markiert.

2 Öffnen Sie die Eigenschaften dieser Ressource mit einem Doppelklick. Auf der Registerkarte *Allgemein* können Sie zunächst den Gerätestatus ablesen. Hier findet sich meist schon ein deutlicher Hinweis darauf, welche Art von Ressourcenkonflikt vorliegt.

3 Wechseln Sie dann zur Registerkarte *Ressourcen*. Hier sollten Sie zunächst ganz unten den Bereich *Gerätekonflikt* beachten. Liegt ein Ressourcenkonflikt vor, wird ganz genau beschrieben, um welche Ressource es sich handelt und welches andere Gerät davon betroffen ist.

4 Wenn dieser Konflikt durch die automatische Ressourcenverteilung verursacht wurde, sollten Sie zunächst das Kontrollkästchen *Automatisch konfigurieren* deaktivieren. Sollte diese Option nicht anwählbar sein, wird dieses Gerät vollkommen automatisch verwaltet und lässt sich leider manuell nicht beeinflussen.

5 Wählen Sie dann im Bereich *Ressourceneinstellungen* die Ressource aus, die den Konflikt verursacht, und klicken Sie auf die Schaltfläche *Einstellung ändern*.

6 Damit öffnen Sie ein zusätzliches Menü, in dem Sie diese Ressourceneinstellung bearbeiten können. Ändern Sie dazu den Wert der Ressource so lange, bis im Bereich *Konfliktinformationen* die Meldung *Es liegen keine Gerätekonflikte vor* angezeigt wird.

7 Übernehmen Sie den neuen Wert dann mit zweimal *OK* und starten Sie den PC neu, damit die geänderten Einstellungen für die Hardwarekomponenten in Kraft treten können.

Fehlerhafte Komponenten deaktivieren

Der Geräte-Manager bietet die Möglichkeit, einzelne Hardwarekomponenten vorübergehend zu deaktivieren oder auch ganz aus der Konfiguration zu entfernen. Ein Ausbau des Gerätes ist dann nicht erforderlich. Die dazugehörigen Treiber werden beim Start nicht mehr geladen und die Komponenten belegen auch keine Ressourcen mehr. So lassen sich Treiberprobleme und Ressourcenkonflikte lösen, wenn eine Komponente ohnehin nicht gebraucht wird.

1 Zum Aktivieren oder Deaktivieren einzelner Geräte öffnen Sie den Geräte-Manager wie oben beschrieben und klicken den Eintrag des fraglichen Gerätes mit der rechten Maustaste an. Im kontextabhängigen Menü finden Sie die Funktion *Deaktivieren*. Damit beenden Sie die Verwendung dieses Gerätes vorübergehend.

2 Bestätigen Sie den folgenden Sicherheitshinweis mit *Ja*.

3 Nun finden Sie im kontextabhängigen Menü statt des *Deaktivieren*-Befehls die Funktion *Aktivieren*, mit der Sie die Komponente wieder in den Betrieb einbinden können.

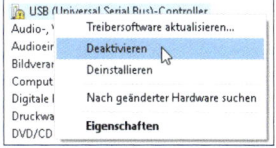

4 Außerdem finden Sie im kontextabhängigen Menü die Funktion *Deinstal-lieren*. Im Gegensatz zu *Deaktivieren* schalten Sie eine Komponente damit nicht einfach nur ab, sondern entfernen sie ganz aus der Systemkonfigu-ration. In der Praxis bedeutet dies, dass die Treibersoftware dafür ent-fernt wird und das Gerät komplett aus dem Geräte-Manager verschwin-det. Auch hier müssen Sie den Sicherheitshinweis bestätigen, bevor die Aktion ausgeführt wird.

Deinstallierte Geräte

Eine deinstallierte Hardwarekomponente befindet sich natürlich physisch immer noch im Rechner, auch wenn Sie sie in der Gerätesteuerung deakti-viert haben. Windows merkt sich deinstallierte Geräte intern. So wird ver-hindert, dass der Hardwareassistent, der bei jedem Neustart nach neuen Geräten sucht, deinstallierte Geräte sofort wieder einbindet.

Um eine deinstallierte, aber nicht ausgebaute Komponente später wieder einzubinden, müssen Sie den Hardwareassistenten manuell starten. Ver-wenden Sie dazu im Geräte-Manager *Aktion/Nach geänderter Hardware suchen*. Dann werden alle vorhandenen, nicht installierten Komponenten ermittelt und zur Installation angeboten.

Das Deaktivieren von Hardwarekomponenten sollte stets nur eine Not- und Übergangslösung sein, z. B. bis neue Treibersoftware verfügbar ist, mit der sich die eventuell vorhandenen Probleme oder Konflikte lösen lassen.

Auch wenn Sie mehrere Betriebssysteme parallel auf einem PC betreiben, kann diese Maßnahme sinnvoll sein, wenn Sie eine Komponente beispielswei-se unter dem aktuellen Windows gar nicht verwenden wollen oder können.

Mit einem älteren Betriebssystem kann dann trotzdem normal damit gear-beitet werden. Ansonsten sollten Sie eine Hardwarekomponente, die dau-erhaft nicht genutzt werden kann, besser ganz ausbauen.

Das Erkennen neuer Hardware erzwingen

Üblicherweise erkennt Windows neu hinzugekommene Hardware automatisch und versucht, sie einzurichten. Was aber, wenn diese Erkennung versagt und sich einfach gar nichts tut? Oder wenn Sie ein virtuelles Gerät wie etwa einen Netzwerk-Loopback-Adapter installieren möchten? Früher war dafür der Hardwareassistent zuständig, aber im aktuellen Windows ist dieser nicht mehr zu finden. Oder doch?

1 Geben Sie im Suchfeld des Startmenüs den Befehl *hdwwiz* ein, klicken Sie dann oben in der Trefferliste den einzigen Punkt mit der rechten Maustaste an und wählen Sie im Kontextmenü *Als Administrator ausführen*. Alternativ können Sie die Funktion auch aus dem Geräte-Manager heraus mit *Aktion/Legacyhardware hinzufügen* starten.

2 Damit starten Sie den klassischen Windows-Hardwareassistenten. Hier können Sie zunächst noch mal mit *Hardwarekomponente automatisch suchen und installieren* die automatische Hardwareerkennung anstoßen.

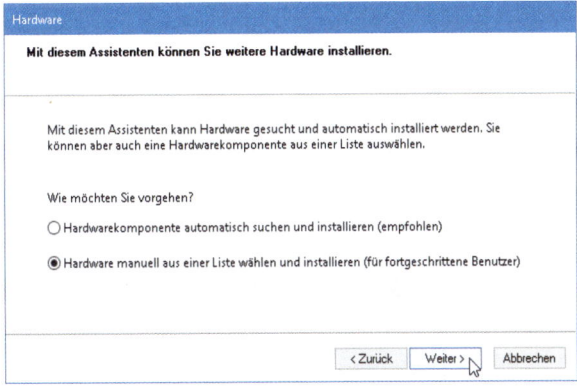

3 Wenn auch das nichts hilft und Sie über passende Treiber verfügen, wählen Sie stattdessen *Hardware manuell aus einer Liste wählen und installieren*.

4 Wählen Sie im nächsten Schritt *Alle Geräte anzeigen* und dann *Weiter*.

5 Klicken Sie im darauffolgenden Menü unten rechts auf *Datenträger*.

6 Geben Sie dann den Pfad zur Treibersoftware an und klicken Sie auf *OK*, um diese Treiber zu installieren.

Hardwarefehler und –einschränkungen mit neuen Treibern beseitigen

Windows automatisiert das Erkennen und Einbinden von Hardwarekomponenten weitestgehend. Außer dem Anschließen bzw. Einbauen der Hardware läuft alles Weitere automatisch bzw. von Assistenten begleitet ab. Allerdings wird nicht notwendigerweise alle Hardware immer korrekt erkannt und fehlerfrei eingebunden. Ein prüfender Blick in den Geräte-Manager (siehe Seite 127) ist deshalb immer empfehlenswert. Hier zeigt sich, ob ein Eingriff erforderlich ist. Im Idealfall, wenn nämlich Windows bereits einen passenden Treiber mitbringt bzw. sich diesen per Onlineupdate besorgen kann, läuft alles komplett ohne Ihr Zutun.

1 Wenn das Vorhandensein einer neuen Hardware festgestellt wurde, identifiziert Windows das Produkt und sucht zunächst in seiner eigenen lokalen Treiberbibliothek nach passender Software. Wird es dort nicht fündig, versucht es, via Windows Update passende Treibersoftware zu beschaffen. Dieser Onlinezugriff kann ggf. zu Verzögerungen führen. Sie bemerken davon allenfalls vorübergehend ein zusätzliches Symbol in der Taskleiste.

2 Die auf die eine oder andere Art beschaffte Treibersoftware wird dann umgehend installiert. Neustarts sind beim aktuellen Windows aus solchen Anlässen nur noch sehr selten nötig. Selbst beispielsweise Grafikkartentreiber können nun im laufenden Betrieb ausgetauscht werden, was allenfalls an einem kurzen Flackern des Bildschirms zu bemerken ist.

3 Es empfiehlt sich aber, während des Such- und Installationsvorgangs auf das Symbol in der Startleiste zu klicken. Dadurch öffnen Sie ein Statusfenster, in dem Sie den Ablauf der Installation ausführlicher 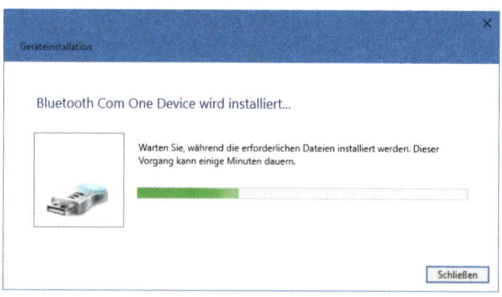 verfolgen können. So bemerken Sie auch sofort, ob das Gerät korrekt erkannt wurde bzw. ob bei der Installation Fehler auftreten.

Neuere Treiber vom Hersteller manuell installieren

Nicht immer wird die automatische Installation glatt durchlaufen. In solchen Fällen zeigt sich Windows 10 leider wenig kooperativ: Wenn es selbst keine Treiber beschaffen kann, lässt es die Installation des Gerätes einfach scheitern. Frühere Versionen suchten in solchen Fällen automatisch auch noch auf einem ggf. eingelegten Datenträger oder gaben dem Benutzer die Möglichkeit, die zu verwendende Treibersoftware selbst zu lokalisieren. Nun aber bleibt in solchen Fällen nur der Weg in den Geräte-Manager (siehe Seite 127), um den Treiber manuell einzuspielen.

1 Klicken Sie im Geräte-Manager mit der rechten Maustaste auf den Eintrag der nicht funktionierenden Komponente und wählen Sie im Kontextmenü *Treibersoftware aktualisieren*. Wählen Sie im anschließenden Dialog *Auf dem Computer nach Treibersoftware suchen*.

2 Geben Sie im nächsten Dialog den Ordner bzw. das Laufwerk an, auf dem sich die Installationsdateien befinden. Der Assistent kann bei der Suche auch Unterordner einbeziehen. Liegt Ihnen z. B. eine Installations-CD vor, geben Sie einfach deren Laufwerk an und achten darauf, dass die Option *Unterordner einbeziehen* aktiv ist. Klicken Sie dann unten rechts auf *Weiter*.

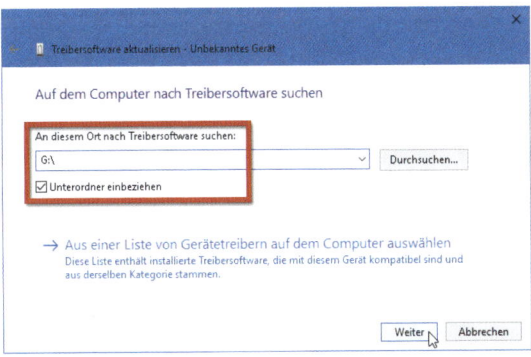

3 Der Assistent durchsucht nun die gesamte CD und findet die infrage kommende Installationssoftware automatisch. Sollte dies nicht gelingen, geben Sie den Pfad zu den korrekten Treiberdateien möglichst exakt an. Der Rest der Installation läuft dann wieder vollautomatisch ab, bis Sie das Gerät direkt verwenden können.

Bei Windows 10 ältere Treiber weiternutzen

Manchmal scheitert eine Treiberinstallation, auch wenn der Treiber unter Windows 10 im Prinzip noch laufen würde. Denn die Installationsroutinen von Treibersoftware enthalten oftmals eine Abfrage, auf welchem Betriebssystem die Installation erfolgen soll. Sie ermitteln also von sich aus, ob sie auf einem geeigneten System ausgeführt werden, und verweigern andernfalls die Installation. Teilweise bringen sie auch mehrere Treibervarianten für verschiedene Betriebssysteme mit und ermitteln so, welche davon installiert werden muss. Oft wurden die Treiber aber schon vor Jahren veröffentlicht, als an Windows 10 noch nicht zu denken war. Mit einem Produktnamen wie »Windows 10« oder »Windows 10 Pro« können die Setup-Programme also nichts anfangen. Manchmal beschweren sich die Setup-Programme mit einer deutlichen Meldung, manchmal gibt es aber auch nur einen diffusen Fehler. Dies lässt sich mit einem kleinen Registry-Trick umgehen.

1 Öffnen Sie den Registry-Editor mit *regedit*.

2 Navigieren Sie zum Schlüssel *HKEY_LOCALMACHINE\ SOFTWARE\ Microsoft\ WindowsNT\ CurrentVersion*.

3 Hier finden Sie rechts einen Eintrag namens *ProductName*. Dessen Inhalt sollte aus Windows 10 sowie ggf. dem Namen Ihrer Edition bestehen, also z. B. »Windows 10 Pro«. Diese Information lesen viele Installationsprogramme aus der Registry aus und vergleichen sie mit ihren Vorgaben.

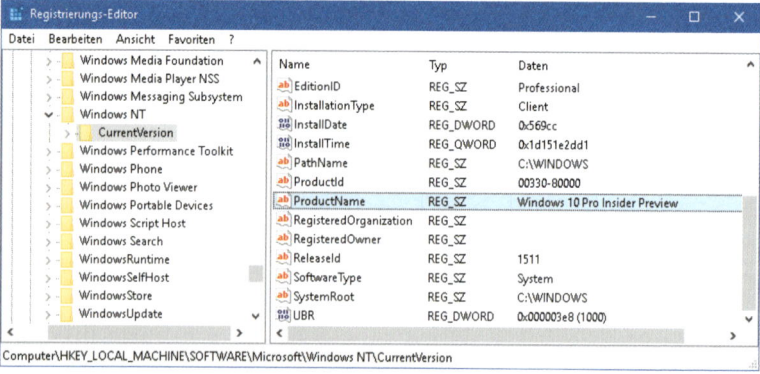

4 Ändern Sie also den Inhalt beispielsweise in »Windows 7 Home Premium« oder notfalls testweise auch in »Microsoft Windows XP«, um solchen Programmen ein älteres Windows vorzugaukeln.

5 Schließen Sie den Registry-Editor.

Führen Sie dann die Treiberinstallation erneut durch und schauen Sie, ob sie nun ordnungsgemäß durchläuft.

Ist die Installation erst mal erledigt, können Sie die Angabe in der Registry anschließend wieder zurücksetzen. Der Treiber an sich läuft auch so, wenn er erst mal installiert ist.

Probleme nach Treiberinstallation beheben

Wenn Sie feststellen, dass die Installation eines Treibers nicht den gewünschten Erfolg gebracht oder womöglich zu neuen Problemen geführt hat, können Sie zum vorher verwendeten Treiber zurückkehren.

Bei jeder Treiberinstallation legt Windows eine Sicherungskopie des vorherigen Treibers an, die jederzeit reaktiviert werden kann.

1 Öffnen Sie dazu wiederum wie oben beschrieben die Eigenschaften des betroffenen Gerätes im Geräte-Manager und wechseln Sie dort zur Registerkarte *Treiber*.

2 Hier finden Sie die Schaltfläche *Vorheriger Treiber*, mit der Sie zum vorher verwendeten Treiber zurückkehren können.

3 Der Geräte-Manager stellt daraufhin den alten Treiber wieder her.

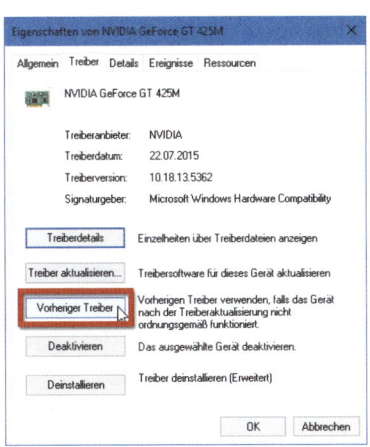

Detaillierte Informationen zur vorhandenen Hardware

Der Geräte-Manager von Windows gibt einen ganz guten Überblick über die vorhandenen Geräte, bleibt bei einigen Dingen aber auch vage. Dabei kann es sehr wichtig sein zu wissen, welches Modell bei Prozessor, Grafikkarte oder Arbeitsspeicher genau eingebaut ist.

Auch wenn ein PC oder Notebook neu angeschafft wurde, kann es nicht schaden, einfach mal nachzuschauen, ob auch wirklich das darin steckt, wofür Sie Ihr gutes Geld bezahlt haben. Ein dafür – und auch noch für manch anderes – geeignetes Tool ist SiSoft Sandra (das steht für **S**ystem**an**alyse-, **D**iagnose- und **R**eport-**A**ssistent), von dem Sie unter www.sisoftware.net eine kostenlose Lite-Version herunterladen können.

1 Um sich einen Überblick über die vorhandene Hardware zu verschaffen, starten Sie das installierte SiSoft Sandra Lite und rufen im Hauptmenü die Rubrik *Hardware-Informationen* auf.

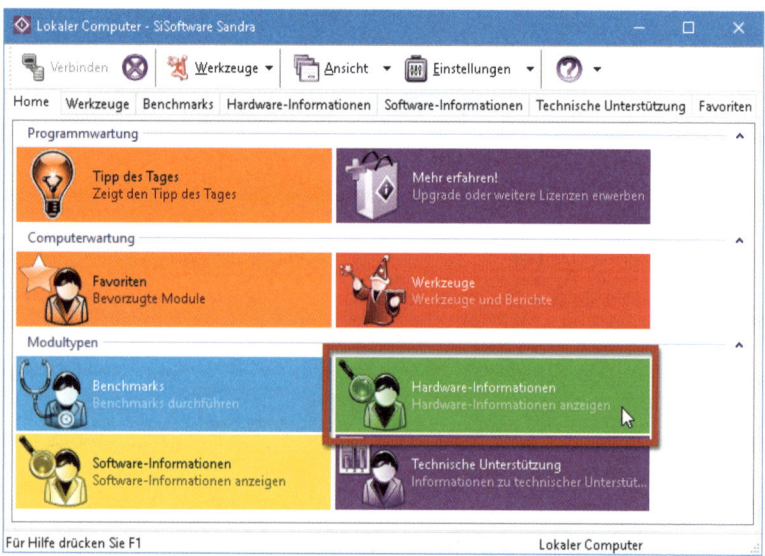

2 Damit gelangen Sie in die entsprechende Rubrik, in der Sie mit *Computer-Gesamtübersicht* eine komplette Aufstellung der im PC verbauten Hardware abrufen können.

3 Dies dauert ein paar Sekunden, weil das Programm die detaillierten Daten erst ermitteln muss. Dann erhalten Sie aber eine umfangreiche und übersichtliche Liste. Diese enthält nicht nur allgemeine Angaben, sondern ganz konkrete Produkt- bzw. Modellbezeichnungen, z. B. für Prozessor, Mainboard, Grafikkarte, Arbeitsspeicher und Chipsatz. Das macht z. B. das Recherchieren im Internet nach aktuellen Treibern und Lösungen wesentlich leichter.

Damit die Gesamtübersicht nicht zu umfangreich wird, erhält sie nur einen Teil der verfügbaren Informationen. Sie finden in der Rubrik *Hardware-Informationen* aber noch weitere Module, die sich einzelnen Bereichen wie *Mainboard*, *Prozessor* oder *Grafikadapter* noch intensiver widmen und hierzu jeweils noch mehr Detailinformationen liefern.

Leistungseinbrüche und Fehler wegen Überhitzung vermeiden

Eine immer wiederkehrende Ursache von Störungen und Abstürzen sind Temperaturprobleme. Moderne Prozessoren, Grafikkarten und Chipsätze arbeiten mit extrem hohen Taktfrequenzen und sind auf ausreichende Kühlung angewiesen. Reichen die vorhandenen Kühler nicht aus oder sind sie eventuell defekt, laufen die Komponenten heiß.

Zeitgemäße Geräte erkennen dies meist selbstständig und schützen sich durch Abschaltung oder Drosseln der Leistung, sodass es nicht gleich zu Hardwareschäden kommt.

Aber manche Instabilität oder mangelnde Leistung lässt sich genau auf solche Selbstschutzmaßnahmen zurückführen. Mit einem Tool wie dem HWMonitor (www.cpuid.com/softwares/hwmonitor.html) können Sie Temperaturen, Lüfterdrehzahlen und Taktfrequenzen überwachen und so Hitzeproblemen auf die Spur kommen.

1 Nach der Installation finden Sie das Programm im Startmenü unter *HW-Monitor*.

2 Nach kurzer Initialisierung präsentiert das Programm auch schon die aktuellen Daten. Dazu ermittelt es alle im System vorhandenen Sensoren und fragt diese laufend ab:

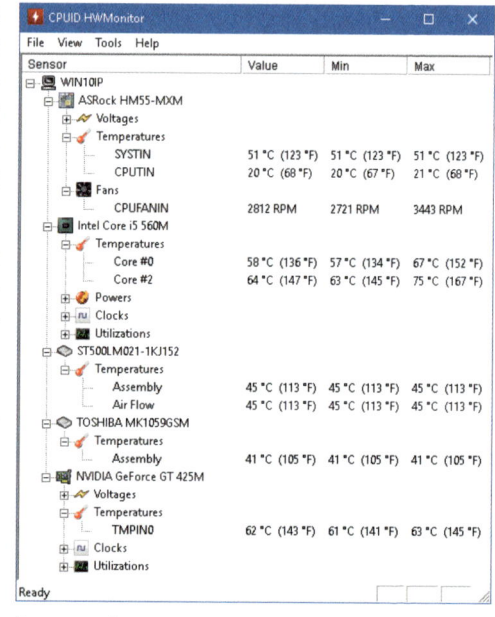

- Ganz oben finden Sie die Daten des Mainboards wie Spannungen, Temperaturen und die Drehzahlen der vorhandensatur des Prozessors.

- Ganz unten finden Sie – soweit vorhanden – weitere Angaben, etwa wenn Sensoren in Festplatten verbaut sind etc.

3 Neben den ständig in Echtzeit aktualisierten Werten in der Kategorie *Value* merkt sich HWMonitor auch die Minimal- und Maximalwerte. Das ist sehr praktisch, denn wenn Sie das Programm minimieren, erfasst es die Daten im Hintergrund weiter und Sie können dann später schauen, ob es bei bestimmten Werten extreme Schwankungen gab.

HWMonitor kann nicht von sich aus sagen, ob die gemessenen Werte so in Ordnung sind. Dafür sind die verschiedenen Produkte und Systeme zu unterschiedlich. Es gibt ein paar grobe Faustregeln, etwa dass die CPU-Kerntemperatur nicht höher als 70 bis 75 °C steigen sollte. Sonst drohen Beschädigungen und die Prozessoren drosseln automatisch die Leistung, was den PC insgesamt ausbremst. Im Zweifelsfall können Sie sich im Datenblatt des Herstellers informieren, welche Leistungswerte empfohlen sind.

Frequenzen und Takte des Mainboards kontrollieren

Moderne PCs verwenden eine ganze Reihe von Kenndaten, die sehr gut aufeinander abgestimmt sein müssen, damit das Gesamtsystem mit optimaler Leistung läuft. Wenn ein PC nicht die Geschwindigkeit erreicht, die er auf dem Papier erbringen müsste, ist die Fehlerursache deshalb nicht ganz einfach und nur mit speziellen Programmen wie etwa CPU-Z (www.cpuid.com/softwares/cpu-z.html) zu schaffen.

Dieses Werkzeug liefert umfangreiche Daten zur Konfiguration von Chipsatz, Prozessor, Mainboard und Arbeitsspeicher.

1 Nach der Installation finden Sie das Programm auf dem Startbildschirm unter *CPU-Z*. Nach einer kurzen Initialisierung liefert es Ihnen alle benötigten Informationen.

2 Werfen Sie insbesondere einen Blick in die Rubrik *CPU*. Hier finden Sie unten links im Bereich *Clocks* die wesentliche Grundkonfiguration Ihres PCs:

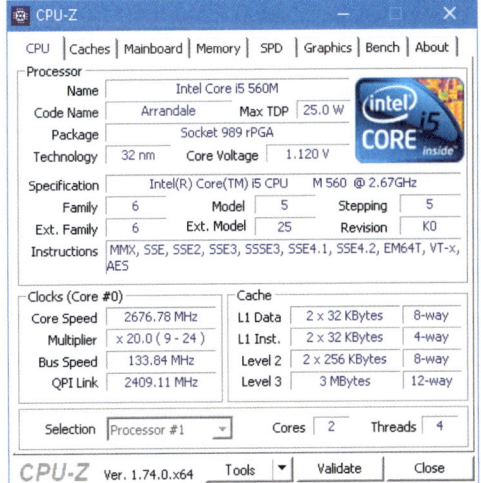

- *Core Speed* gibt die Kernfrequenz des Prozessors an.

- *Multiplier* stellt den Faktor dar, mit dem die Kernfrequenz aus dem Bustakt abgeleitet wird.

- *Bus Speed* verrät den grundlegenden Takt des Systembusses.

- *HT Link* gibt bei AMD-Systemen die Taktfrequenz des HyperTransport-Links an. Bei neuerer Intel-Hardware heißt die Technologie QPI Link. CPU-Z zeigt automatisch die jeweils passende Information an.

Insbesondere das Verhältnis zwischen Kernfrequenz, Systembustakt und Multiplikator muss passen, wenn alle Komponenten mit maximaler Leistung arbeiten sollen.

3 Im Bereich *Processor* finden Sie genaue Angaben zum verbauten Prozessor. Damit ist nicht nur die Modellbezeichnung gemeint, sondern auch Informationen zu Revision und Stepping. Diese Daten sind wichtig, um den Prozessor genau zu identifizieren und ggf. präzise Informationen zu bekannten Problemen und optimalen Betriebsparametern zu recherchieren.

4 Detailangaben zum Mainboard und zur aktuellen Version des BIOS finden Sie in der Rubrik *Mainboard*. Auch hier können Sie neben Hersteller und Modell die genaue Version ablesen, um ggf. spezifische Informationen hierzu im Internet zu recherchieren.

5 Daten zur Grafikkarte finden Sie in der Rubrik *Graphics*. CPU-Z ermittelt neben dem genauen Modell auch den Grafikspeicher, den Kerntakt des Grafikprozessors sowie die Taktung des Grafikspeichers. Hier sollten Sie vor allem darauf achten, dass die Karte mit der optimalen Spezifikation des Herstellers betrieben wird. Zu geringe Taktzahlen machen sich bei Spielen und anderen 3D-Anwendungen bemerkbar. Zu hohe Taktzahlen etwa durch Übertakten können zwar die Leistung erhöhen, aber dann steigt auch die Temperatur. Diese muss dann unbedingt im Auge behalten werden, da eine zu hohe Temperatur letztlich zu Leistungseinbrüchen führt.

Timing–Einstellungen des Arbeitsspeichers überprüfen

Neben Prozessor- und Systemtakt sind die Timing-Einstellungen des eingebauten Arbeitsspeichers die zweite große Quelle von Leistungsverlusten und Instabilitäten. Ähnlich wie beim Mainboard-Chipsatz und Prozessor müssen auch hier die spezifizierten Werte möglichst präzise eingehalten werden, um einerseits optimale Leistung nutzen zu können und andererseits keine Abstürze durch zu hohe Spezifikationen zu riskieren. Auch hierbei kann das Programm CPU-Z (siehe vorangehender Abschnitt) gute Dienste leisten.

1 In der Rubrik *Memory* können Sie die aktuell im BIOS eingestellten Speicher-Timings ablesen. Im Bereich *Timings* sind der Takt des Speichers und der Multiplikator hierfür vom Systemtakt angegeben. Darunter finden Sie die eigentlichen Timing-Werte.

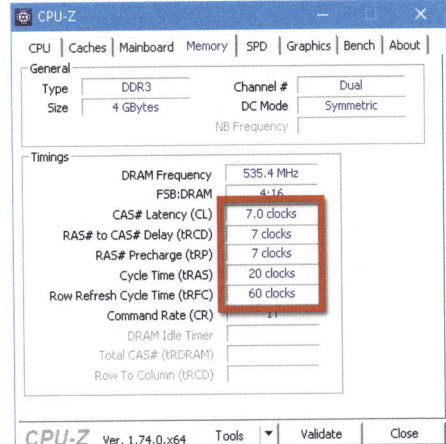

2 Diese sollten Sie mit den in der Rubrik *SPD* angegebenen Daten vergleichen. Hier finden Sie unten im Bereich *Timings Table* die in den Speichermodulen selbst hinterlegten Herstellerspezifikationen. Sind mehrere Module eingebaut, wechseln Sie mit dem Auswahlfeld ganz oben links zwischen ihnen hin und her. Dies ist wichtig, da Module von verschiedenen Herstellern unterschiedliche Spezifikationen haben.

3 Ermitteln Sie hier am besten die höchste Spezifikation, die alle Speicherbausteine gemeinsam haben. Diese sollte idealerweise auch in der Rubrik *Memory* als aktuelle Konfiguration stehen. Dann läuft das System optimal.

4 Kommt es trotzdem zu Instabilitäten wie Bluescreens etc., dann versuchen Sie es mit der nächstlangsameren Spezifikation, bis das System stabil läuft.

Leider kann CPU-Z die Timing-Einstellungen nur anzeigen und nicht verändern. Dies geht nur im BIOS selbst. Zeigt der Arbeitsspeicher trotz korrekter Timing-Einstellungen Ausfallerscheinungen, kommt auch ein Defekt in einem der Speichermodule infrage (siehe Seite 81).

Leistungsdaten der Grafikkarte analysieren

Das bereits vorgestellte CPU-Z liefert Basisdaten zur Grafikkarte. Wenn Sie es ganz genau wissen möchten, empfiehlt sich aber das noch weiter spezialisierte Programm GPU-Z (www.techpowerup.com/gpuz). Es liefert in der Rubrik

Graphics Card präzise Angaben zum eingebauten Modell und dessen Fähig-keiten. So können Sie hier z. B. ablesen, wie viele Pixel- und Vertex-Shader die Karte benutzt. Gerade bei neu (bzw. gebraucht) gekauften Karten lohnt ein Blick darauf, um sicher zu sein, dass Sie auch bekommen, wofür Sie be-zahlt haben. Auch die Taktfrequenzen sind interessant.

> **Mehr als eine Grafikkarte eingebaut?**
>
> Sollte Ihr PC über mehr als eine Grafikkarte verfügen, können Sie mit dem Auswahlfeld unten links zwischen diesen hin und her schalten. GPU-Z zeigt jeweils die Informationen zu der unten gewählten Karte an.

Wenn es Stabilitätsprobleme gibt oder es gar um das Übertakten von Grafik-karten geht, kommt die Rubrik *Sensors* ins Spiel. Sie zeigt die dafür wesent-lichen Parameter wie Taktfrequenzen, Temperaturen und Lüfterdrehzahlen an. Unten links finden Sie praktische Optionen für die Fehlersuche:

- *Log to file* schreibt die ermittelten Daten kontinuierlich in eine Da-tei, sodass Sie Langzeitmessun-gen vornehmen können.

- *Continue refreshing* ... sorgt da-für, dass GPU-Z auch weiter Wer-te sammelt, wenn es minimiert wird. So können Sie es im Hin-tergrund laufen lassen, während Sie z. B. ein Computerspiel star-ten, bei dem es Probleme gibt. Anschließend gibt die Logdatei Aufschluss darüber, ob die Grafik-karte z. B. durch ein Hitzeproblem der Verursacher von Fehlern oder Leistungseinbrüchen ist.

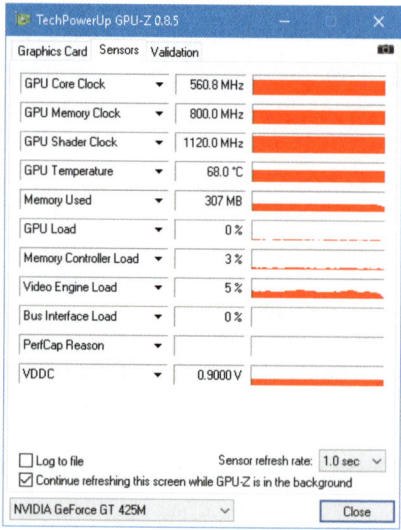

Problemen mit Energiesparfunktionen auf die Spur kommen

Zu den besonders lästigen und hartnäckigen Hardwareproblemen gehörten schon immer diejenigen, die mit den Energiesparfunktionen zu tun haben. Warum geht mein PC nicht in den Stromsparmodus? Oder noch schlimmer: Warum lässt er sich nicht wieder daraus aufwecken? Für solche Problemfälle bringt Windows ein praktisches Tool mit.

1 Tippen Sie im Suchfeld des Startmenüs *Eingabe* ein, sodass Sie in der Liste den Eintrag *Eingabeaufforderung* markieren können.

2 Klicken Sie den Eintrag mit der rechten Maustaste an und wählen Sie im Kontextmenü den Befehl *Als Administrator ausführen*.

3 Geben Sie nun in der Eingabeaufforderung zweimal den Befehl *cd..* ein, um auf die höchste Ebene des Laufwerks zu wechseln. Das dient nur dazu, im Folgenden Problemen mit den Zugriffsrechten aus dem Weg zu gehen.

4 Tippen Sie in der Eingabeaufforderung nun den folgenden Befehl ein. Wichtig: Lassen Sie den PC und alle angeschlossenen Geräte in Ruhe, bis das Programm seine Arbeit beendet hat. Das dauert etwa eine Minute.

```
powercfg.exe -ENERGY
```

5 Das Programm analysiert die Energiesparfunktionen und -einstellungen des PCs und aller angeschlossenen Komponenten. Dabei erkennt es, wenn z. B. einzelne Komponenten Probleme verursachen. Hierüber fertigt es einen Report an, der Ihnen beim Lösen der Probleme behilflich sein kann.

6 Ist das Programm fertig, sehen Sie am Bildschirm eine kurze Statistik. Interessant wird es aber, wenn Sie nun in der Eingabeaufforderung eintippen:

```
energy-report.html
```

7 Dadurch zeigt Windows die ausführlichen Ergebnisse der Analyse an. Beachten Sie hier insbesondere die als *Fehler* gekennzeichneten Abschnitte. Unter dem Stichwort *Unterstützter Standbystatus* können Sie ablesen, welche Energiesparmodi Ihr PC derzeit anbietet.

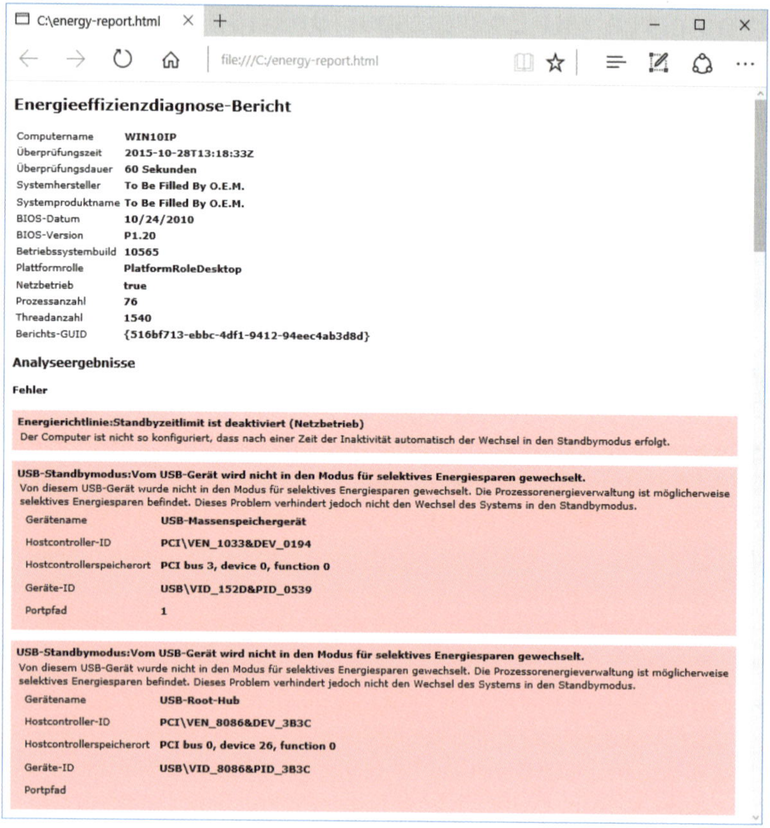

C:\energy-report.html

file:///C:/energy-report.html

Energieeffizienzdiagnose-Bericht

Computername	**WIN10IP**
Überprüfungszeit	**2015-10-28T13:18:33Z**
Überprüfungsdauer	**60 Sekunden**
Systemhersteller	**To Be Filled By O.E.M.**
Systemproduktname	**To Be Filled By O.E.M.**
BIOS-Datum	**10/24/2010**
BIOS-Version	**P1.20**
Betriebssystembuild	**10565**
Plattformrolle	**PlatformRoleDesktop**
Netzbetrieb	**true**
Prozessanzahl	**76**
Threadanzahl	**1540**
Berichts-GUID	**{516bf713-ebbc-4df1-9412-94eec4ab3d8d}**

Analyseergebnisse

Fehler

Energierichtlinie:Standbyzeitlimit ist deaktiviert (Netzbetrieb)
Der Computer ist nicht so konfiguriert, dass nach einer Zeit der Inaktivität automatisch der Wechsel in den Standbymodus erfolgt.

USB-Standbymodus:Vom USB-Gerät wird nicht in den Modus für selektives Energiesparen gewechselt.
Von diesem USB-Gerät wurde nicht in den Modus für selektives Energiesparen gewechselt. Die Prozessorenergieverwaltung ist möglicherweise selektives Energiesparen befindet. Dieses Problem verhindert jedoch nicht den Wechsel des Systems in den Standbymodus.

Gerätename	**USB-Massenspeichergerät**
Hostcontroller-ID	**PCI\VEN_1033&DEV_0194**
Hostcontrollerspeicherort	**PCI bus 3, device 0, function 0**
Geräte-ID	**USB\VID_152D&PID_0539**
Portpfad	**1**

USB-Standbymodus:Vom USB-Gerät wird nicht in den Modus für selektives Energiesparen gewechselt.
Von diesem USB-Gerät wurde nicht in den Modus für selektives Energiesparen gewechselt. Die Prozessorenergieverwaltung ist möglicherweise selektives Energiesparen befindet. Dieses Problem verhindert jedoch nicht den Wechsel des Systems in den Standbymodus.

Gerätename	**USB-Root-Hub**
Hostcontroller-ID	**PCI\VEN_8086&DEV_3B3C**
Hostcontrollerspeicherort	**PCI bus 0, device 26, function 0**
Geräte-ID	**USB\VID_8086&PID_3B3C**
Portpfad	

11. Schon vor dem Ernstfall optimal vorbereiten

Eine gute Vorbereitung kann im Ernstfall viel Zeit, Umstände und Probleme ersparen. Im letzten Kapitel dieses Ratgebers stelle ich deshalb ein kleines Bündel an Maßnahmen vor, die Sie schon erledigen sollten, bevor konkrete Probleme auftreten. Dadurch schaffen Sie sich die Ressourcen und Werkzeuge, um im Ernstfall sofort und zielgerichtet eingreifen zu können.

Die Systemwiederherstellung als Sicherheitsreserve nutzen

Die Systemwiederherstellung gehört zu den Basisfunktionen, mit denen Windows die Integrität des Systems sicherstellt. Dazu werden regelmäßig Sicherungen des Systems durch den Computerschutz erstellt. Diese umfassen die Systemkonfiguration sowie wichtige Systemdateien. So wird eine Momentaufnahme des ordnungsgemäß laufenden Systems angefertigt.

> **Wann erstellt Windows Wiederherstellungspunkte?**
>
> Auch ohne jeglichen Eingriff des Benutzers erstellt Windows regelmäßig Wiederherstellungspunkte. Dies geschieht beispielsweise vor wichtigen Maßnahmen wie dem Integrieren neuer Hardware bzw. dem Installieren neuer Treiber oder vor dem Installieren von Anwendungssoftware oder System-Updates. So werden regelmäßig Sicherungspunkte ganz gezielt vor potenziell problematischen Aktionen erstellt.

Sollte es anschließend Probleme geben, ist eine Rückkehr zu dieser Momentaufnahme möglich. Die Systemsteuerung läuft – einmal optimal eingestellt – unauffällig im Hintergrund. Sicherungspunkte werden automatisch erstellt, können aber auch jederzeit vor größeren Eingriffen manuell angelegt werden. Sie dienen als Versicherung gegen eine Vielzahl von Störfällen, denn sie ermöglichen eine schnelle und einfache Rückkehr zum letzten Zustand des Windows-Systems, bevor ein Problem auftrat.

Um den Status der Systemwiederherstellung zu überprüfen, öffnen Sie in der Systemsteuerung (Listenansicht) den Punkt *Wiederherstellung* und dort *Systemwiederherstellung konfigurieren*. In den so geöffneten *Computerschutz*-Einstellungen können Sie den Status aller vorhandenen Laufwerke einsehen. Insbesondere beim mit *(System)* gekennzeichneten Windows-Laufwerk sollte *Schutz* auf *Ein* stehen. Andernfalls wählen Sie dieses Laufwerk in der Liste aus, klicken dann auf die *Konfigurieren*-Schaltfläche und aktivieren im anschließenden Dialog den Computerschutz für dieses Laufwerk.

Anzahl der Wiederherstellungspunkte steuern

Falls Sie beim Abrufen der Wiederherstellungspunkte feststellen, dass die Liste zu kurz oder gar leer ist, fehlt ausreichend freier Platz auf der entsprechenden Festplatte. Windows sichert nur dann Wiederherstellungsinformationen, wenn auf einem Laufwerk mindestens 300 MByte freier Speicher verfügbar sind. Ob dies der Fall ist, können Sie leicht mit dem Windows-Explorer überprüfen, indem Sie sich eine Übersicht aller Laufwerke (*Dieser PC*) anzeigen lassen. In der Kachelansicht sehen Sie sofort, wie viel freier Speicherplatz auf welchem Laufwerk vorhanden ist.

Wenn Ihnen zu wenige Wiederherstellungspunkte zur Auswahl angeboten werden, können Sie den dafür reservierten Speicherplatz vergrößern. Windows kann dann länger Wiederherstellungsdaten sammeln, bevor die ältesten wieder gelöscht werden müssen.

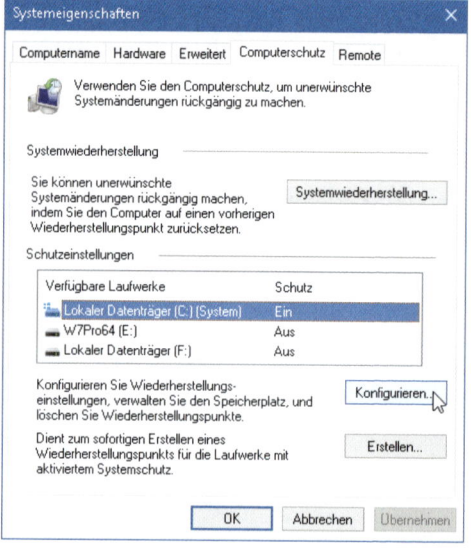

1 Öffnen Sie in der Systemsteuerung (Listenansicht) das Modul *System*.

2 Klicken Sie hier in der Navigationsleiste am linken

Fensterrand auf *Computerschutz*. Sie finden das entscheidende Menü auch direkt in der Rubrik *Computerschutz* der Systemeigenschaften.

Wie viel Speicherplatz verbraucht die Systemwiederherstellung?

Die Systemwiederherstellung belegt mindestens 300 MByte auf jeder Festplatte, die sie überwacht. Insgesamt belegt sie höchstens 15 % des gesamten Speicherplatzes eines Laufwerks. Sind diese 15 % erreicht, werden automatisch alte Wiederherstellungspunkte gelöscht, bevor neue erstellt werden.

---

3 Hier finden Sie in der unteren Hälfte im Bereich *Schutzeinstellungen* eine Liste der verfügbaren Datenträger. Wählen Sie das Laufwerk aus, auf dem Sie den reservierten Speicherplatz verändern möchten, und klicken Sie darunter rechts auf *Konfigurieren*.

4 Im anschließenden Dialog finden Sie unten einen Schieberegler, mit dem Sie den reservierten Speicherplatz festlegen können. Die gerade gewählte Menge wird sowohl in Prozent des gesamten verfügbaren Speicherplatzes als auch in absoluten Zahlen angegeben.

5 Übernehmen Sie den veränderten Wert mit *OK*.

Reservierungen für jedes Laufwerk

Was eventuell etwas missverständlich sein könnte: Windows speichert die Wiederherstellungsinformationen für jedes Laufwerk auf eben diesem Laufwerk. Deshalb können Sie den dafür vorgesehenen Platz auch für jeden Datenträger individuell festlegen. Es bringt deshalb aber auch nichts, bei Knappheit an Wiederherstellungspunkten auf Laufwerk *C:* den reservierten Speicher auf Laufwerk *D:* zu vergrößern. Sie müssen den Speicherplatz dort erhöhen, wo nicht genug Wiederherstellungsinformationen vorhanden sind.

Wiederherstellungspunkte vor Änderungen erstellen

Sie müssen sich nicht darauf verlassen, dass und ob Windows regelmäßig Wiederherstellungspunkte Ihres Systems sichert, sondern können jederzeit auch eigene Wiederherstellungspunkte anlegen. Das empfiehlt sich z. B. vor der Installation neuer Treibersoftware. Aber auch vor wesentlichen Veränderungen an der Systemkonfiguration, wie sie bei Reparaturmaßnahmen nun mal erforderlich sein können, ist ein Wiederherstellungspunkt sinnvoll. Sollte die Maßnahme nicht den gewünschten Erfolg bringen oder die Situation womöglich sogar verschlimmern, können Sie so schnell den Vorher-Zustand wiederherstellen.

1 Öffnen Sie in der klassischen Systemsteuerung den Bereich *Wiederherstellung*.

2 Wählen Sie in der Liste der Wiederherstellungstools *Systemwiederherstellung konfigurieren*.

3 Klicken Sie anschließend unten rechts auf die Schaltfläche *Erstellen*. Sollte diese Schaltfläche inaktiv sein, müssen Sie den Computerschutz mit der Schaltfläche *Konfigurieren* erst einschalten.

4 Geben Sie dann zunächst eine Bezeichnung für den Wiederherstellungspunkt ein. Diese kann beliebig gewählt werden. Am besten beschreiben Sie kurz den Anlass für das Anlegen der Sicherung.

5 Der Assistent sammelt dann die Daten für den Wiederherstellungspunkt ein und sichert ihn. Dies kann ein wenig dauern.

6 Hat alles geklappt und konnte der Wiederherstellungspunkt erfolgreich angelegt werden, erhalten Sie zum Abschluss eine Bestätigungsmeldung. Der Sicherungspunkt ist nun gespeichert und bleibt Ihnen vorläufig erhalten. Allerdings unterliegen auch manuell erstellte Wiederherstellungspunkte der Regel, dass sie ggf. automatisch gelöscht werden, um für neue – manuell oder automatisch erstellte – Wiederherstellungspunkte Platz zu machen.

Einen aktuellen Installationsdatenträger vorbereiten

Wenn Windows nicht mehr regulär gestartet werden kann, sollte stets ein aktueller Installationsdatenträger zur Hand sein. Er enthält nicht nur alle wesentlichen Dateien, um Windows ggf. reparieren zu können, sondern bringt auch eine Wiederherstellungsumgebung mit.

In diesem speziellen Modus können verschiedene Werkzeuge zur Reparatur angewendet, aber auch Systemsicherungen eingespielt, Wiederherstellungspunkte abgerufen oder die Auffrischen-Funktion ausgeführt werden. Ein aktueller Installationsdatenträger ersetzt also die von früheren Versionen bekannten Systemreparaturdatenträger bzw. Wiederherstellungsdatenträger. Er kann auf einer DVD oder besser einem immer wieder verwendbaren USB-Stick gespeichert werden. Zum Erstellen verwenden Sie ein komfortables Tool von Microsoft:

1 Öffnen Sie im Webbrowser die Seite www.microsoft.com/de-de/softwaredownload/windows10 und laden Sie sich dort das Tool herunter.

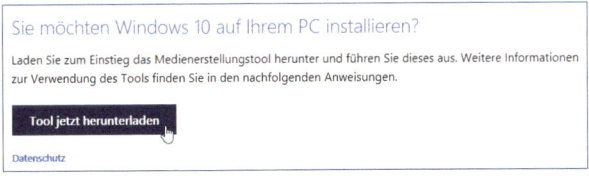

2 Nach dem vollständigen Download starten Sie dieses Programm und wählen die Option *Installationsmedium für einen anderen PC erstellen*.

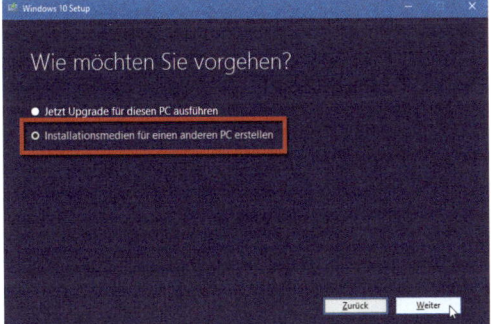

3 Wählen Sie dann die gewünschte Sprache des zu installierenden Windows, die Edition (muss zum Product Key passen) sowie die Architektur (32 oder 64 Bit) aus

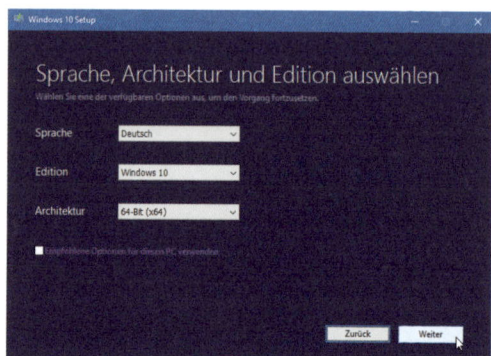

4 Nun entscheiden Sie, was für ein Installationsmedium Sie verwenden möchten.

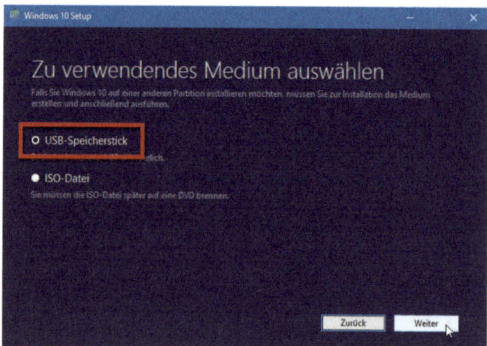

- Sie können einen *USB-Speicherstick* erstellen. Dieser kann direkt in das Gerät gesteckt werden, auf dem Sie Windows installieren möchten. Wählt man beim Starten den USB-Stick als Laufwerk, beginnt direkt die Installation. Ein USB-Stick sollte mindestens 4 GByte Speicherplatz umfassen. Beachten Sie, dass eventuell vorhandener Inhalt auf dem Stick überschrieben wird.

- Alternativ erstellen Sie eine *ISO-Datei*. Diese kann auf eine DVD gebrannt werden. Ebenso können Sie die Datei aber auch auf anderen Wegen (Netzwerk, USB-Stick etc.) auf einen anderen PC transferieren und dort als virtuelles Medium einhängen, um eine Upgrade-Installation durchzuführen.

5 Wählen Sie anschließend den USB-Stick bzw. den Speicherort für die ISO-Datei aus. Dann geht es auch schon los mit dem Herunterladen der Dateien. Sie können das Fenster des Programms minimieren und wie gewohnt mit Ihrem PC weiterarbeiten.

6 Anschließend wird der USB-Stick mit den Installationsdaten beschrieben bzw. die ISO-Datei an der festgelegten Stelle gespeichert.

Den so erstellten USB-Stick sollten Sie eindeutig kennzeichnen und an einem sicheren Ort hinterlegen, wo er zwar schnell zur Verfügung steht, aber nicht versehentlich für andere Zwecke überschrieben wird. Spätestens nach einem Feature-Update sollten Sie den Stick neu erstellen, damit er jeweils aktuelle Systemdateien enthält. Außerdem sollten Sie das Booten von diesem Medium zumindest einmal probeweise durchführen. So machen Sie sich mit dem Vorgang vertraut und stellen sicher, dass der Datenträger im Notfall auch verwendet werden kann.

Die ISO-Datei auf eine DVD brennen

Haben Sie auf die vorangehend beschriebene Weise eine ISO-Datei heruntergeladen, können Sie damit leicht ein DVD-Installationsmedium erstellen:

1 Klicken Sie mit der rechten Maustaste auf das Symbol der ISO-Datei. Wählen Sie im Kontextmenü den Befehl *Datenträgerabbild brennen*. Alternativ finden Sie in der Kategorie *Verwalten* der Multifunktionsleiste eine gleichnamige Schaltfläche.

2 Damit öffnen Sie das Dienstprogramm zum Brennen von ISO-Datenträgerabbildern. Hier ist bei CD/DVD-Brenner standardmäßig bereits Ihr Brennerlaufwerk eingestellt. Sollten mehrere vorhanden sein, wählen Sie das gewünschte aus.

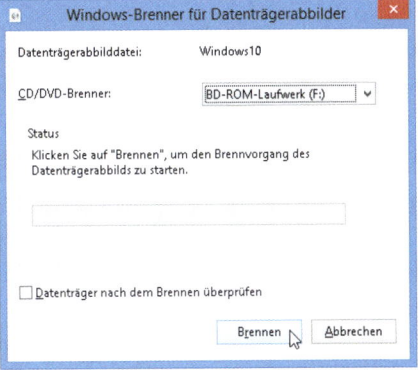

3 Soll das Programm die CD/DVD nach dem Brennvorgang auf eventuelle Fehler hin untersuchen, schalten Sie das Kontrollkästchen *Datenträger nach dem Brennen überprüfen* ein. Dadurch verlängert sich der gesamte Vorgang allerdings deutlich. Stellen Sie schließlich sicher, dass sich ein geeigneter Rohling im Brennerlaufwerk befindet, und klicken Sie unten auf die *Brennen*-Schaltfläche. Das Programm führt nun den Brennvorgang durch.

Wichtige Daten regelmäßig sichern

Eine regelmäßige Sicherung von System und wichtigen Dokumenten ist die Lebensversicherung für Ihren PC. Selbst wenn Windows nachhaltig beschädigt und nicht mehr startfähig sein sollte, können Sie durch das Einspielen einer solchen Komplettsicherung jederzeit recht schnell und einfach wieder zu einem lauffähigen System gelangen. Allenfalls die seit der letzten Sicherung vorgenommenen Änderungen an Dokumenten und Einstellungen gehen verloren. Windows unterstützt Sie dabei, indem es eine solche Datensicherung – einmal richtig konfiguriert – in regelmäßigen Abständen automatisch wiederholt.

1 Öffnen Sie in der Systemsteuerung (Listenansicht) den Punkt *Sicherheit und Wartung*.

2 Ist noch keine Sicherung konfiguriert, werden Sie hier automatisch aufgefordert, dies nachzuholen. Andernfalls klappen Sie den Bereich *Wartung* aus und klicken bei den Sicherungseinstellungen auf *Optionen* und dann *Sicherungseinstellungen ändern*.

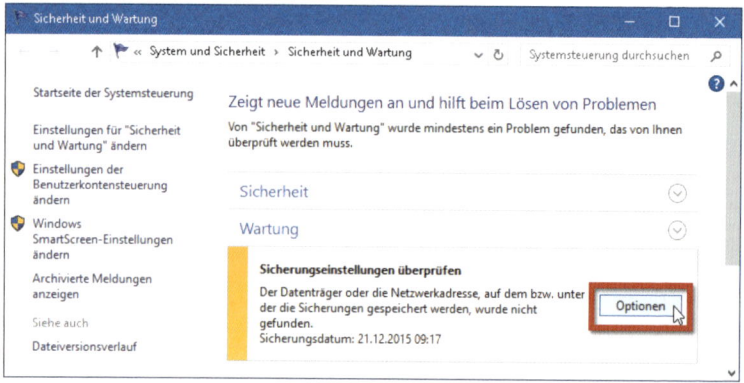

3 Der Assistent sucht dann nach Sicherungsgeräten, die sich für ein System-abbild eignen. Dies sind aufgrund des Platzbedarfs insbesondere exter-ne USB-Laufwerke oder beschreibbare DVD-Medien. Aber auch Netz-laufwerke auf einem anderen PC oder einem Speichergerät im Netzwerk sind möglich. Das Speichern des Systemabbilds auf einer Festplatte hin-gegen ist nur erlaubt, wenn neben der Systemplatte weitere Festplatten vorhanden sind. Abhängig von diesen Faktoren zeigt der Assistent Ih-nen die möglichen Optionen an. Wählen Sie das gewünschte Gerät für die Sicherung aus.

4 Nun legen Sie den Sicherungsumfang fest. Mit dem Standard *Auswahl durch Windows* sichern Sie alle Dokumente, die in Bibliotheken, auf dem Desktop und in den vorgesehenen Standardordnern abgelegt sind, und erstellen zusätzlich ein Abbild des gesamten Windows-Systems. Alterna-tiv verwenden Sie *Auswahl durch Benutzer* und geben dann genau an,

---

Fehlermeldung wegen zu wenig Speicherplatz

Möglicherweise scheitert das Erstellen eines Systemabbilds mit dem Hinweis, es wäre auf den zu sichernden Partitionen nicht ausreichend Speicherplatz für Volumenschattenkopien vorhanden, auch wenn das objektiv nicht stimmt. Ursache ist die zusätzlich vom System reservierte Minipartition, die nur in der Datenträgerverwaltung sichtbar ist und die zwangsläufig zu einem Systemabbild gehört. Bei älteren Systemen, die per Upgrade-Installation auf Windows 10 aktualisiert wurden, ist die Partition so klein, dass sie mittlerweile fast vollständig gefüllt ist. Der verbleibende Platz genügt den Ansprüchen der Volumenschattenkopien (mindestens 50 MByte) nicht mehr. Einzige Abhilfe: diese Partition nachträglich ver-größern. Mit Bordmitteln (Datenträgerverwaltung) wird dies nur in den seltenen Fällen möglich sein, in denen im Anschluss an diese Partition noch freier Platz auf dem Datenträger vorhanden ist bzw. sich schaffen lässt. In den (meisten) anderen Fällen kann nur ein Partitionstool Abhilfe schaffen, das auch volle Partitionen verschieben und so den benötigten Speicherplatz schaffen kann, beispielsweise www.partitionwizard.com/free-partition-manager.html.

welche Ordner gesichert werden sollen. Letzteres bietet sich vor allem dann an, wenn Sie Dateien auf einem weiteren Laufwerk mit in die Sicherung einbeziehen möchten. Das zusätzliche Systemabbild ist bei dieser Variante optional.

5 Der Assistent fasst dann noch mal die Details der Sicherungseinstellungen zusammen (was und wohin es gesichert werden soll). Bei *Zeitplan* können Sie ggf. einen sinnvolleren Zeitpunkt für das regelmäßige Ausführen der Sicherung festlegen. Hier können Sie auch das Intervall ändern. *Täglich* ist nur sinnvoll, wenn Sie sehr gezielt nur aktuelle Dokumente sichern möchten.

Bei einer Sicherung mit Systemabbild sollten Sie allenfalls ein wöchentliches, eher ein monatliches Intervall wählen. Durch das Systemabbild wird die Sicherung sehr umfangreich und der Vorgang dauert lange.

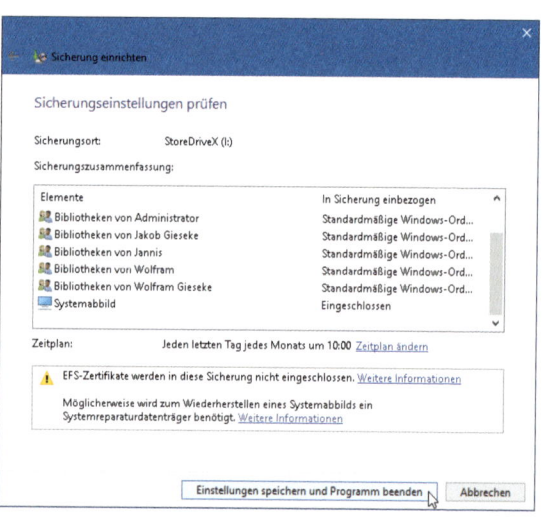

6 Klicken Sie dann unten auf *Einstellungen speichern und Programm beenden*.

Ab sofort führt Windows diesen Sicherungsauftrag in dem festgelegten Intervall automatisch durch. Sollte eine Sicherung wiederholt scheitern – etwa weil der PC immer ausgeschaltet ist –, weist Windows Sie automatisch darauf hin, was ein weiterer Vorzug dieser Methode ist. So wird sichergestellt, dass Sie stets ein relativ aktuelles Abbild Ihrer Dokumente zur Verfügung haben.

Die eingebaute Sicherungsfunktion von Windows arbeitet zuverlässig, ist allerdings nur mäßig flexibel. So lässt sich, wie vorangehend beschrieben, nur ein einziges Sicherungsprofil anlegen. Andere Backup-Programme erlauben es, mehrere Profile parallel zu benutzen. So ließe sich beispielsweise folgendes sinnvolles Szenario umsetzen:

- tägliches Backup nur der aktuell bearbeiteten Dateien,
- wöchentliches Backup aller Dokumentbibliotheken und wichtiger Systemdateien und
- monatliches Erstellen eines Systemabbilds.

Wer mit diesen Möglichkeiten experimentieren möchte, dem sei für erste Schritte das kostenlose Open-Source-Programm *Areca Backup* ans Herz gelegt (www.areca-backup.org). Ansonsten gibt es eine Reihe kommerzieller Anwendungen, die sich für diesen Zweck gut einsetzen lassen.

Der abgesicherte Modus als Option im Startmenü

Verschiedene Anleitungen in diesem Ratgeber verwenden den abgesicherten Modus von Windows. Gerade bei Startschwierigkeiten reicht es manchmal schon, Windows einmal im abgesicherten Modus und anschließend gleich wieder normal zu starten. Will man den abgesicherten Modus regelmäßig verwenden und vor allem im Notfall ohne Tastenkürzel oder Klickorgien direkt verfügbar haben, sollte man einen Eintrag dafür direkt im Bootmanager platzieren (so wie dies bei früheren Windows-Versionen standardmäßig der Fall war).

1 Öffnen Sie eine Eingabeaufforderung mit Administratorrechten mit Rechtsklick auf das Windows-Icon links unten.

2 Geben Sie hier diesen Befehl ein:

```
bcdedit /enum /v
```

3 Suchen Sie in der so erzeugten Liste den Eintrag, wo in der Zeile *description* die Bezeichnung der richtigen Windows-Version steht (also beispielsweise *Windows 10*).

4 Notieren Sie sich bei diesem Eintrag den Wert der Zeile *Bezeichner*. Am besten aber kopieren Sie ihn mit Strg+C in die Zwischenablage.

5 Tippen Sie als Nächstes den folgenden Befehl ein. Für *<Bezeichner>* fügen Sie den in Schritt 4 gemerkten bzw. kopierten ID-Code ein. In den

Anführungszeichen können Sie auch einen eigenen prägnanten Text verwenden.

```
bcdedit /copy <Bezeichner> /d↵
  "Windows 10 - Abgesicherter Modus"
```

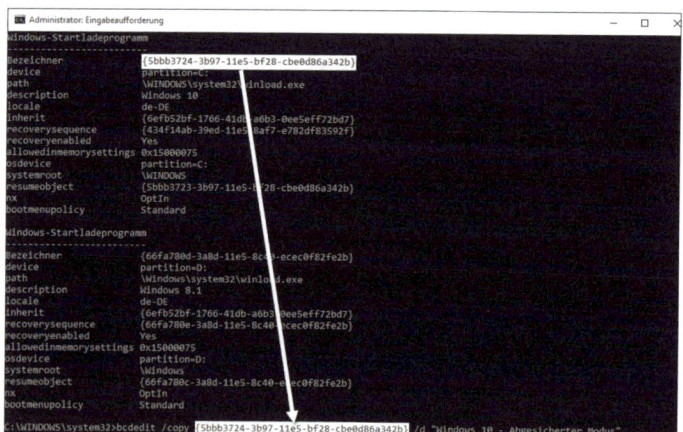

6 Schließen Sie die Eingabeaufforderung und rufen Sie im Startmenü *msconfig* auf.

7 Wechseln Sie in die Kategorie *Start* und markieren Sie den nun neu hinzugekommenen Eintrag mit der von Ihnen festgelegten Bezeichnung.

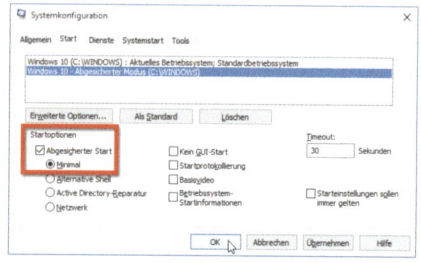

8 Wählen Sie im Bereich *Startoptionen* die Option *Abgesicherter Start* mit der Einstellung *Minimal*.

Klicken Sie unten auf *OK* und bestätigen Sie auf Nachfrage mit *Neu starten*.

Der PC startet dann neu. Haben Sie mehr als ein Betriebssystem installiert, zeigt der Bootmanager Ihnen dabei eine Auswahlliste an, in der ab sofort auch der neu erstellte abgesicherte Modus zu finden ist. Haben Sie nur eine Windows-Version installiert, müssen Sie wie früher im richtigen Moment F8 tippen, um diese Auswahlliste auf den Bildschirm zu holen.